VIDEO FREAKS

VERGESSEN WAR GESTERN, WIR SPRECHEN DARÜBER!

Impressum:

Herausgeber:
Stefan Böse

Autoren:
Johnny Janzerino
Markus Leshem
Stefan Fuhrmann
Kristijan Skrobo

BESUCHT UNS DOCH AUF FACEBOOK UNTER:
WWW.FACEBOOK.COM/RETROFILMBLOG

Wir sind ein reines Fan-Magazin. Dieses Magazin ist von Fans für Fans für Filme aus den vergangenen Jahrzehnten! Wir sind alles nur Hobby-Kritiker und lieben unser Hobby Filme.

Für unaufgefordertes Material übernehmen wir keine Haftung und Verpflichtung zur Veröffentlichung!

Vergessen war gestern, wir sprechen darüber!

Liebe Videofreunde,

In den weiten und tiefen der damaligen Videotheken regale befanden sich etliche Filme die teilweise bis heute gänzlich unentdeckt und unbekannt sind. Zur damaligen zeit entschied man sich entweder per Cover-Motiv für einen Film oder man fragte den Videothekar, andere Besucher oder Freunde nach Film-Tipps.

Entweder man erwischte einen Hit oder Shit!

Wir haben uns zur Aufgabe gemacht, einige dieser Filme in dieser Heftreihe an die Öffentlichkeit zu bringen und stellen Sie euch vor. Doch wir befassen uns nicht ausschließlich mit ONLY VHS Filmen, viele besprochene und von uns vorgestellte Filme sind bereits auf DVD / Blu-ray erschienen. Da heutzutage kaum noch Wert auf ein ansprechendes Cover gelegt wird, kauft man oft die Katze im Sack.

Dennoch finden auch ONLY VHS Kandidaten in unserem Heft ihren festen Platz und verdienen Aufmerksamkeit.
Wir wünschen Euch viel Spaß auf die Reise in die Ära der Videotheken der letzten Jahrzehnte.

Wie Du vielleicht schon bemerkt hast, hat sich unsere Heft-Reihe deutlich verändert. Mehr Seiten, kleineres Format, einfaches Layout, mehr Informationen - somit sind wir vielen Wünschen, Anregungen nachgekommen und wagen den neuen Weg mit der Heft / Buch - Reihe.

Wir wünschen Euch viel Spaß beim Lesen, Stöbern und nehmen Euch mit auf eine Reise in die Vergangenheit.

Vergessen war gestern, wir sprechen darüber!

Euer Team und Kollegen von Retro-Film

www.retro-film.de

MUSIK

Nashville Lady / Coal Miner's Daughter (1980)

Die Erfolgsstory der Country-Sängerin Loretta Lynn beginnt in einer ärmlichen Bergar-beitersiedlung im tiefsten Kentucky in den 1940er Jahren. Loretta ist gerade 13 Jahre alt und lebt mit sechs Geschwistern und ihren Eltern in einem bescheidenen Holzhaus, als sie den draufgängerischen Oliver "Doolittle" Lynn kennenlernt, der gerade aus dem Krieg zurückgekommen ist. Da Doolittle heftig um sie wirbt und die naive Loretta auch bald schwanger wird, willigen die Eltern widerstrebend in eine Hochzeit ein.
Das Paar zieht nach Custer, Washington und hat bald drei Kinder, denen Loretta oft die Lieder ihrer Heimat vorsingt. Da faßt Doolittle den Entschluß, ihren Gesang zu fördern, und verschafft ihr erste Auftritte in den umliegenden Bars. Und wirklich ist das Publikum durchweg begeistert, eine erste Single wird produziert, die Loretta und Doolitle dann durch das Abklappern der vielen kleinen Radiostationen vermarkten. Die Mühe zahlt sich aus, Loretta wird immer bekannter – doch auch die Schattenseiten des Ruhms bleiben nicht aus...

Filme, die sich sehr viel mit Musik beschäftigen, haben es oft recht schwer, Anklang bei den Zuschauern zu finden. Nur wenige waren so erfolgreich, dass man auch nach Jahrzehnten noch über sie spricht. Es gibt Dutzende Werke, die bis heute eher unbekannt sind oder schlichtweg vergessen wurden.

Im Jahr 1980 drehte Regisseur Michael Apdet solch einen Film, der auf einer Autobiografie basiert. „Nashville Lady" startete in den amerikanischen Kinos und begann damit seinen Siegeszug. Michael Adpet war bekannt dafür, sich um ungewöhnliche Skripte zu kümmern und sie in bewegte Bilder umzusetzen.

Vergessen war gestern, wir sprechen darüber!

Sein Lebensweg als Regisseur ist sehr umfassend und facettenreich. Unter seinen Werken befinden sich Klassiker wie „Gorky Park" von 1983, aber auch „Gorillas im Nebel" aus dem Jahr 1988 mit Sigourney Weaver in der Hauptrolle sollte Erwähnung finden. Weitere nennenswerte Filme seiner Laufbahn sind „Der aus der Hölle kam" von 1977 und „Stardust" aus dem Jahr 1974.

„Nashville Lady" spiegelt das Leben der erfolgreichen Country-Sängerin Loretta Lynn wieder. Ihr Aufstieg von der einfachen Tochter eines armen Bergmannes - der seine Großfamilie nur schwerlich versorgen kann - bis zum Megastar in der Country Welt, an der Seite der großen Stars wie Patsy Cline und Ernest Tubb. Für die Rolle der Loretta wurde Sissy Spacek gecastet, die man sicherlich als „Carrie - Des Satans jüngste Tochter" aus dem Jahr 1976 kennt. Zeigte Spacek in der Stephen King-Verfilmung ihre „teuflische" Seite, schlüpft sie hier in die Rolle eines kleinen Mädchens im Alter von 15 Jahren. Ihre Kunst der Verwandlung vom einfachen, naiven Dorfmädchen zum Megastar ist allein schon ein Genuss - dazu ist auch ihre äusserliche Verwandlung beachtlich und zeugt von großem schauspielerischen Talent. An ihrer Seite als Ehemann und Manager tritt Tommy Lee Jones in jungen Jahren auf. Er verkörpert die Rolle von Mooney - ebenfalls ein Bergmann, der aber das Potenzial seiner Ehefrau erkennt und sie tatkräftig dabei unterstützt, etwas aus ihrem trostlosen Leben zu machen.

Freigabe:	FSK 12
Laufzeit:	ca. 119 Min.
Regionalcode:	RC 2
TV-Norm:	PAL
Verpackung:	Keep Case (Amaray)
Bildformat:	1,85:1 (anamorph / 16:9)
Tonformat:	Deutsch (Dolby Digital 2.0 Mono)
	Englisch (Dolby Digital 5.1)
Untertitel:	Deutsch, Englisch
Extras:	Audiokommentar mit Sissy Spacek und Michael Apted
	Kinotrailer

Beide Schauspieler gehen förmlich in ihren Rollen auf und bieten dem Zuschauer Romantik, Dramatik und viel Herz, ohne aber zu sehr in die Kitsch-Schiene abzudriften. Sie schaffen es, den Eindruck zu erwecken, als würde man den realen Personen zusehen.

In weiteren Rollen tauchen Namen wie Beverly Díangelo auf, die man auch als Ellen Grisworld aus „Hilfe, die Amis kommen" und dessen Fortsetzungen kennt. In „Nashville Lady" verkörpert sie die Rolle der Patsy Cline, einer langjährigen Freundin von Loretta, die durch einen Flugzeugabsturz ums Leben kam. Zu den weiteren Namen im Cast zählen Levon Helm, Phyllis Boyens und Bill Anderson Jr.

Der Film „Nashville Lady" heimste einige Nominierungen und Preise ein. Sissy Spacek gewann 1981 den Oscar in der Kategorie BESTE HAUPTDARSTELLERIN. Nominiert war er außerdem für BESTER FILM, BESTES ADAPTIERTES DREHBUCH, AUSSTATTUNG, KAMERA, SCHNITT und TON.

1981 gewann er auch den Golden Globe für BESTER FILM (KOMÖDIE/ MUSICAL) und wieder Sissy Spacek als BESTE HAUPTDARSTELLERIN. Zu erwähnen sei noch, dass Sissy und Beverly alle Songs im Film selber gesungen haben. Kein Playback oder irgendwelche Originalaufzeichnungen der realen Musikerinnen. Bei beiden ging auch eine Gesangskarriere verloren, denn Talent haben sie alle beide. Auch für Nicht-Fans solcher Musik sind die beiden Darstellerinnen ein Ohrenschmaus.

Der Film schreitet in einem langsamen Tempo voran und der Zuschauer erhält allerlei Einblicke in das Leben von Loretta, mit all seinen Höhen und Tiefen. Erfolge sind oft von Mißerfolgen gekrönt und der Zuschauer nimmt vollkommen teil an der ruhigen aber ernsten Achterbahn des Lebens, Gefühle aller Art inklusive. Man kann sich mit den Hauptcharakteren durchaus identifizieren. Der Weg vom einfachen Menschen zu einem erfolgreichen Star ist möglich, aber Talent, Ausdauer und eine große Portion Glück gehören dazu. Dass so etwas passieren kann, zeigt uns der Film „Nashville Lady" in bewegenden Bildern.

Vergessen war gestern, wir sprechen darüber!

Das Geburtshaus, das man im Film zu sehen bekommt, ist das Original-Haus in dem die Sängerin Loretta Lynn aufgewachsen ist.

Das bewegende und tiefgründige Musik-Drama ist auf VHS, DVD und Blu-ray im Handel erhältlich. Leider werden solch gefühlvolle Filme nur noch viel zu selten im Free TV ausgestrahlt.

Vergessen war gestern, wir sprechen darüber!

Screamers - Tödliche Schreie / Planète hurlante (1995)

SCREAMERS

Auf einem anderen Planten haben Wissenschaftler eine neue Waffe entwickelt. Es handelt sich um kleine Roboter mit scharfen Klingen und einem lauten Organ, die sich vermehren können: THE SCREAMERS. Diese haben im Laufe der Zeit eine eigene Intelligenz erworben und stellen nun die größte Bedrohung für die Menschheit dar.

STEFAN

„Screamers - Tödliche Schreie" ist ein SciFi-Action-Abenteuer, das auf einer Kurzgeschichte mit dem Titel „Second Variety" von Philipp K. Dick basiert und Mitte der 90er unter der Regie von Christian Duguay entstand. Das Drehbuch schrieb Dan O'Bannon, der uns auch schon 1979 mit „Alien" und 1982 mit „Blade Runner" versorgte.

An „Screamers - Tödliche Schreie" wird bemerkenswert gezeigt, was man alles

aus einer Kurzgeschichte entwickeln kann. Duguay konnte vor Drehbeginn von „Screamers" schon Erfahrung im Science-Fiction Genre sammeln. Im Jahr 1991 drehte er die beiden Filme „Scanners 2" und „Scanners 3". Nur ein Jahr später folgte der unterhaltsame Sci-Fi-Thriller „Hydrotoxin - Die Bombe tickt in Dir" mit Pierce Brosnan und Ron Silver in den Hauptrollen.

Vergessen war gestern, wir sprechen darüber

Herstellungsland: Japan, Kanada, USA (1995)
Kinostart: 25.07.1996
Video-Premiere: 04.02.1997
DVD-Premiere: 30.03.1999

Standard-Freigabe: FSK 16
Genre: Action, Horror, Science-Fiction, Thriller
Alternativtitel: Planète hurlante

Vergessen war gestern, wir sprechen darüber!

Dass bereits seit 20 Jahren ein Krieg auf dem Planeten herrscht, nimmt man vor allem den imposanten Settings ab. Sehr aufwendig und authentisch gehalten, wird durch gut gewählte Kameraeinstellungen und den Einsatz von Licht und Schatten eine beängstigende Atmosphäre geschaffen. Selbst eine alte Fabrikhalle erwacht so zu neuem Leben und wirkt bedrohlicher, als sie in der Realität wahrscheinlich ist. Dass der Streifen nur ein geringes Budget zur Verfügung hatte, fällt einem erst auf den dritten Blick auf. Vor allem beeindruckte mich die „Werkstatt" der Screamers, die sehr angsteinflößend wirkt und zum Spannungsaufbau ihren festen Teil beiträgt. Lediglich bei ein paar Einstellungen und Außenaufnahmen kamen einfache aber wirksame Matte Painting-Effekte zum Einsatz. Auch was die Inszenierung und Darstellung der „Screamers" angeht, wurde hier viel auf handgemachte Effekte gesetzt. Sei es durch hydraulisch gesteuerte Puppen oder die angestaubte, aber immer noch grandios wirkende Stop-Motion-Technik. Dazu bringen einfache, günstige, aber dennoch wirkungsvolle CGI-Effekte die Sache ins Rollen.

HÖRST DU DIE SCREAMERS?

Die Story verläuft sehr gradlinig auf Ihr unvermeidliches Finale hinaus. Abwechslung bekommt man durch Gefechte und Begegnungen mit den „Screamers" geboten. Der kleine Twist, dass die „Screamers" - die ja eigentlich eine Erfindung der Menschen sind - sich irgendwann bis hin zu realitisch wirkenden Menschen entwickeln, macht ebenfalls Laune. So fragt sich der Zuschauer, welcher Charakter ein Mensch ist und welcher ein „Screamer". Dass sich auch eine winzige Romanze in den Plot geschlichen hat, ist nicht groß von Bedeutung, lockert die oft aussichtslose Situation der Protagonisten aber ein wenig auf. Die Hauptrollen wurden mit bekannten Gesichtern besetzt, allen voran natürlich Peter Weller als Joe Hendrickson. Der ehemalige ROBOCOP-Darsteller agiert hier auf einem hohen Level und man bekommt den Eindruck, dass die Rolle extra für ihn geschrieben wurde. An seiner Seite kämpft Jennifer Rubin und auch sie ist keine Unbekannte. Die Schauspielerin überzeugte uns schon in „Nightmare on Elm Street 3 - Freddy Krüger lebt" (1987), „Das Biest" und

Vergessen war gestern, wir sprechen darüber!

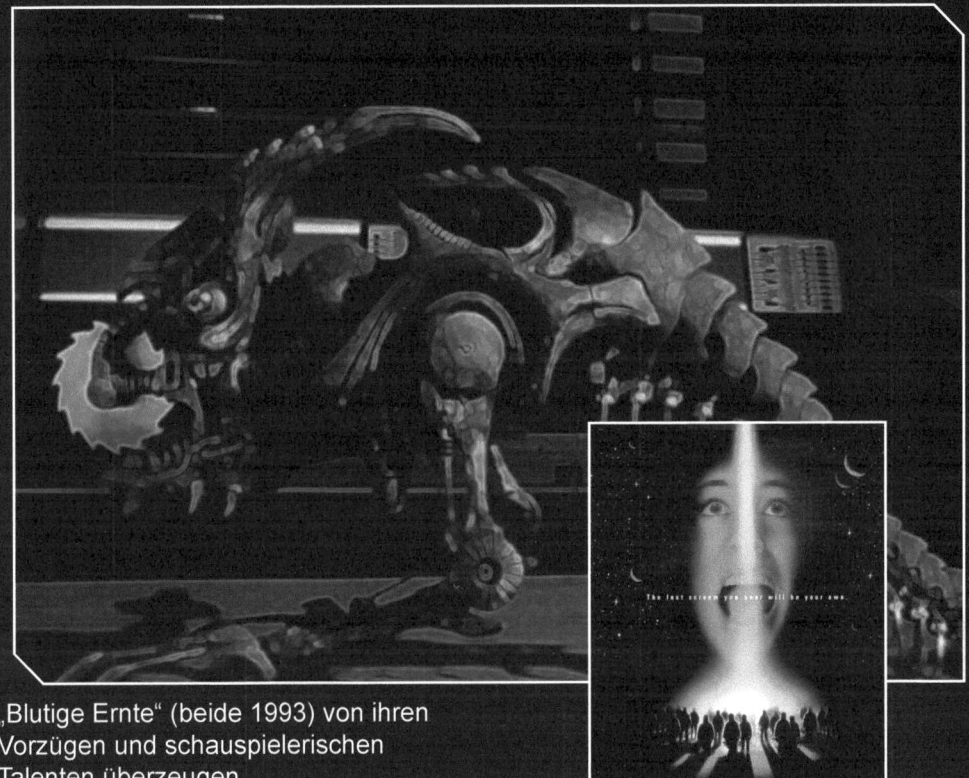

„Blutige Ernte" (beide 1993) von ihren Vorzügen und schauspielerischen Talenten überzeugen.

„Screamers - Tödliche Schreie" ist ein fast vergessener SciFi- Actioner, dem leider bis heute viel zu wenig Beachtung geschenkt wird. In Deutschland lief der Film 1996 sogar in den Kinos an, was ihm aber aufgrund geringer Einspielergebnisse nicht sonderlich half. Bei einem Budget von 20 Millionen US-Dollar, spielte er lediglich 5 Millionen wieder ein. Dennoch hat "Screamers" eine Fan-Gemeinde, die den Film liebt und ehrt. Obwohl das erwartete Einspielergebnis nicht erreicht wurde, entstand 2009 eine Fortsetzung, die als „Direct to Video"-Produktion auf den Markt gebracht wurde. Die Story setzt 13 Jahre nach dem Geschehen des ersten Teils an und rollt viele Gesichtspunkte wieder auf, nur um lückenlos an den Vorgänger anknüpfen zu können. Zusätzlich zu diesem Kniff, inszenierten die Produzenten härter und mit noch mehr Gewalt. „Sreamers" ist auf VHS, DVD und Blu-ray im Handel erschienen. Die Erstauflage der DVD ist mittlerweile OOP (Out of Print) und erzeugt bei Sammlern, die ihr Hauptaugenmerk auf Erstauflagen setzen, teils beeindruckende Verkaufspreise. Die Neuauflage bekommt man aber schon für kleines Geld. Darüber hinaus besteht die Möglichkeit eine Box zu erwerben, in der sich zusätzlich auch noch die Filme „Alien Jäger" und „Lifeforce" befinden.

JOHNNY

RED HEAT

Ein berüchtigter russischer Schwerverbrecher tötet bei seiner Verhaftung einige Polizisten und flieht in die USA. Der beinharte Cop Ivan Danko folgt ihm nach Amerika. Dort wird ihm der ständig quasselnde Cop Art zur Seite gestellt. Eine turbulente, gefährliche Jagd auf den gerissenen Gangster beginnt..

Walter Hill lässt sein altbewährtes Gespür für zotige Buddy-Action noch einmal aufleben, jedoch ist die Konstellation in „Red Heat", im Gegensatz zu den „48 Hours"-Streifen um Nick Nolte und Eddie Murphy, eine zwar ähnlich konträre, in Sachen kontradynamischer, gegenseitiger Abhängigkeit und persönlicher wie beruflicher Bindung aber eine völlig andere.

So finden sich in diesem knallharten RATED-R-Reisser vergleichbar soziokulturelle, verbale Reibereien auf der wechselseitigen, grenzrassistischen Rasierklinge, wie bei Nolte (weiß) und Murphy

(schwarz) auch, in „Red Heat" ebenfalls als derb-humorig locker geschnürtes Abmilderungspäckchen geschnürt, jedoch handelt es sich bei Arnold Schwarzenegger (Russe) und James Belushi (US-Amerikaner) um zwei Männer des selben Berufsstandes der Polizei.

Was in „48 Hours", mit dem Konflikt „Bulle vs. Gangster", noch plakativ-leichter darstellbar funktionierte, gelangt hier deutlich komplizierter, obwohl in der Entstehungszeit Ende der 1980er Jahre, wo der kalte Krieg auf die Zielgerade einbog, ein topaktueller Realitätsbonus hätte helfen können, sollen und müss-

Hier liegt auch ausgerechnet der abwertende Vergleichspunkt zu 48HRS, denn Walter Hill deutet und schneidet dieses ungeheure Konfliktpotential KAPITALISMUS vs. KOMMUNISMUS bloß mehrfach an, anstatt es pointierter und aufwendiger auszuführen, was wiederrum die Hauptcharakere, einzeln wie gemeinsam, tiefer und persönlicher gemacht hätte. Dies soll keinesfalls falsch verstanden werden, spielen Arnold und Jim doch gemäß ihrer Rollenzeichnungen grundsolide und ihren individuellen Stärken entsprechend. Trotzdem bleibt der fade Beigeschmack, dass hier Potential verschenkt wurde, wenn man schon die Möglichkeit des ungleichen BUDDY-DINGS mit solch einer Steilvorlage, die ewigen, weltmächtigen Todfeinde betreffend, serviert bekommt.

Andererseits punktet RED HEAT in Sachen kompromissloser Härte und stets dynamischer, actionlastiger Spannungskurve. Was in 48HRS noch altbackener

wirkte, orientiert sich hier schon mehr an ähnlich situierten Thrills der vor der Türe stehenden 1990er Jahre. Der knallharte Drogenkrieg Chicagos, während das kalte Auge aus der zerfallenden Sowjetunion stets unheilvoll schielt und lenkt, fordert entbehrliches Fallobst zuhauf und gipfelt in einer spektakulären Verfolgungsjagd gleich zweier, mächtiger BUSSE, die Illinois' Metropole vielfach zertrümmern, bevor es zum finalen Duell mit dem russischen Bösewicht kommt.

Hier liegt eine weitere Schwachstelle, denn Ed O'Ross wirkt insgesamt zu blass und handwerklich limitiert. Die weibliche Doppelgilde könnte untypischer kaum zur Geltung kommen, denn während Gina Gershon's Charakter wahrlich nur, und recht kurz und ohne wirkliche Relevanz, schmückendes Beiwerk liefern darf, was sie von Arnie, direkt handlungsbezogen, sogar zwischenzeitlich ins Gesicht gesagt bekommt, fällt es der kleineren

Nebenrolle Gretchen Palmer's, als quirlige Dirne, plötzlich und unerwartet zu, der fade Beigeschmack, dass hier Potential verschenkt

dem russischen Muskelprotz wahrhaftig das Leben retten zu dürfen.

Hier liegt auch ausgerechnet der ab-

wertende Vergleichspunkt zu 48HRS, denn Walter Hill deutet und schneidet dieses ungeheure Konfliktpotential KAPITALISMUS vs. KOMMUNISMUS bloß mehrfach an, anstatt es pointierter und aufwendiger auszuführen, was wiederrum die Hauptcharakere, einzeln wie gemeinsam, tiefer und persönlicher gemacht hätte. Dies soll keinesfalls falsch verstanden werden, spielen Arnold und Jim doch gemäß ihrer Rollenzeichnungen grundsolide und ihren individuellen Stärken entsprechend. Trotzdem bleibt

wurde, wenn man schon die Möglichkeit des ungleichen BUDDY-DINGS mit solch einer Steilvorlage, die ewigen, weltmächtigen Todfeinde betreffend, serviert bekommt.

Andererseits punktet RED HEAT in Sachen kompromissloser Härte und stets dynamischer, actionlastiger Spannungskurve. Was in 48HRS noch altbackener wirkte, orientiert sich hier schon mehr an ähnlich situierten Thrills der vor der Türe stehenden 1990er Jahre. Der knallharte Drogenkrieg Chicagos, während das kalte Auge aus der zerfallenden Sowjetunion stets unheilvoll schielt und lenkt, fordert entbehrliches Fallobst zuhauf und gipfelt in einer spektakulären Verfolgungsjagd gleich zweier, mächtiger BUSSE, die Illinois' Metropole vielfach zertrümmern, bevor es zum finalen Duell mit dem russischen Bösewicht kommt.

Vergessen war gestern, wir sprechen darüber!

Herstellungsland: USA (1988)
Kinostart: 06.10.1988
Video-Premiere: 01.04.1990
DVD-Premiere: 14.11.2000
Standard-Freigabe: FSK keine Jugendfreigabe

Genre: Action, Komödie, Krimi, Thriller
Alternativtitel: Dimitri, Red Bull, Danko

Vergessen war gestern, wir sprechen darüber!

Hier liegt eine weitere Schwachstelle, denn Ed O'Ross wirkt insgesamt zu blass und handwerklich limitiert. Die weibliche Doppelgilde könnte untypischer kaum zur Geltung kommen, denn während Gina Gershon's Charakter wahrlich nur, und recht kurz und ohne wirkliche Relevanz, schmückendes Beiwerk liefern darf, was sie von Arnie, direkt handlungsbezogen, sogar zwischenzeitlich ins Gesicht gesagt bekommt, fällt es der kleineren Nebenrolle Gretchen Palmer's, als quirlige Dirne, plötzlich und unerwartet zu, dem russischen Muskelprotz wahrhaftig das Leben retten zu dürfen.

Peter Boyle und Laurence Fishburne ergänzen sinngemäß, sowie im direkten Zusammenspiel homogen und versiert. Sie agieren, top-gecastet, überdurchschnittlich anhand ihrer limitierten Nebenrollenzeichnungen. 48 HRS erzielt einen weiteren Punkt, Humor und knackige Oneliner betreffend, denn hier wurde gerade beim spassigen Part des Doppels, Belushi, einiges verschenkt, im doch deutlichen Gegensatz zu Murphy. Versteckt-sympathisches Understatement ganz unterschiedlicher Färbung darf man aber Nolte, wie Schwarzenegger attestieren.

Der Score ist dem Genre entsprechend passend und gerät zu keinem Zeitpunkt nervend oder gar signifikant störend.

Alles in allem ist RED HEAT solide Actionkost ohne Schnörkel und Firlefanz und bleibt vorallem durch geradlinige, explizite Tötungssequenzen und das final-einleitende Duell der großen Per-

sonenbeförderungsmaschinen in positiver Erinnerung. Vielleicht sollte man noch die qualitativ hohe „Buddy-Action-Hürde" erwähnen, gegen welche „RED HEAT" „anstinken" musste, denn nur ein knappes Jahr zuvor erschien mit LETHAL WEAPON ein „neue-Messlatte-setzender" Meilenstein des Genresegments.

Vergessen war gestern, wir sprechen darüber!

FANTASY

STEFAN

Anfang der 1960er Jahre fahren Joe Barnes und Bobby Fontana ein Rennen um die Liebe der schönen Emily. Beide Kontrahenten fahren mit einem Auto auf eine Schlucht zu und wer als Erster bremst, hat verloren. Joe bekommt es relativ schnell mit der Angst zu tun, sodass er früh aussteigt und das Rennen verliert. Aber Bobby kann seinen Sieg nicht auskosten, da er sich im Lenkrad verheddert, samt seinem Wagen in die Schlucht rast und stirbt. Kurz darauf erwacht er in der „Mittelstadt" und ihm wird die Reise in die „Oberstadt" verweigert. Raffael erzählt ihm, dass er vorher noch einen Auftrag als Schutzengel auf der Erde zu erledigen hat. Er wird also zurück geschickt, wo er Lenny - der hoffnungslos in Sharon verliebt ist und seinen Job verloren hat - dadurch rettet, dass er ihn auffängt, als dieser durch eine Unachtsamkeit von einer Klippe fällt. Der Job ist damit nicht getan, denn Bobby wird auch weiterhin gezwungen, bei Lenny auf der Erde zu bleiben und ihm zu helfen, mit Sharon zusammenzukommen.

Vergessen war gestern, wir sprechen darüber!

Herstellungsland: USA (1985)

Standard-Freigabe: FSK 12

Genre: Fantasy, Komödie, Liebe/
Romantik

Alternativtitel: Heavenly Kid
Phantom kid
Teen Angel

Vergessen war gestern, wir sprechen darüber!

Bei ZURÜCK AUS DER VERGAN-GENHEIT von 1985 handelt es sich um einen meiner absoluten Lieblingsfilme. Durch Zufall als kleiner Junge beim ZDF im Nachmittagsprogramm entdeckt, bin ich dem Streifen ihm völlig verfallen. Wann immer er im Free TV lief, wurde er geschaut und jedes mal verzaubert er mich aufs Neue. Nun sind schon einige Jahrzehnte ins Land gegangen und traurig musste man feststellen, dass es ZURÜCK AUS DER VER-GANGENHEIT in Deutschland noch immer nicht auf DVD, geschweige denn Blu-ray geschafft hat. Auch bei diversen Streaming-Anbietern ist er nicht zu fin-den. Ein ONLY VHS-Kandidat innerhalb Deutschlands, der es meiner Meinung nach mehr als verdient hätte, würdig auf Scheibe veröffentlicht zu werden. Der Film wurde damals vom Label RCA in zwei verschiedenen Cover-Versionen auf VHS vertrieben. Einmal in blau und einmal in einem silbernen Cover, sind beide Versionen mittlerweile sehr rar

geworden und erzielen bei Sammlern oft Preise bis zu 30 Euro.

Die zweite Chance zu leben

ZURÜCK AUS DER VERGANGENHEIT ist eine Mischung aus Drama, Komödie, Fantasy und einem Hauch Liebesfilm. Für mich ein gelungener Mix, den uns Regisseur Cary Medoway bescherte. Es war sein zweiter Film und leider auch sein letzter. Aus welchen Gründen er den Regiestuhl für immer verließ, ist gänzlich unbekannt. Ein Jahr zuvor drehte er seinen Erstling PLAY MO-TEL. Der Film nimmt einen zuerst auf eine Reise in die Swinging Sixties mit, wo sich echte Männer noch Pomade, Öl oder haufenweise Gel in die Haa-re schmierten, um ihre Haaresprachi ins rechte Licht zu rücken. Die jungen Mädchen kleideten sich in Petticoats und dazu bekommt man heiße Autos dieser Zeit in knallig-bunten Farben präsentiert.

Vergessen war gestern, wir sprechen darüber!

ZURÜCK AUS DER VERGANGENHEIT nutzt allerlei Klischees, um die Story eines gestrandeten Engels auszuschmücken. Da haben wir einen Draufgänger in den 60s, der um Ehre und Anerkennung kämpft. Dabei schafft er es auch noch, seine Jugendliebe zu beeindrucken. Zum anderen haben wir einen Versager, der in ein unnahbares junges Mädchen verliebt ist, die ihn nicht mal wahrnimmt. Dann wäre da noch eine gute Freundin des Losers, die wahre und starke Gefühle für ihn hegt, sich aber nicht traut, es ihrem Schwarm zu sagen. Dazu gesellen sich noch zwei Möchtegern-Proleten, die denken, dass sie die Größten an der High School sind. Der Schauspieler Lewis Smith schlüpfte für den Film in die Rolle des rebellischen Bobby. Sein Lebensmotto lautet: „Ich habe alles im Griff!" Mit schwarzer Kunstlederjacke, weißem Shirt und umgeschlagenen Jeans in Stiefeln, versprüht er eine Coolness, die selbst die Arktis blass aussehen lassen würde. Lewis Smith ist kein Unbekannter im Film-Business. Er spielte in zahlreichen Filmen wie BUCKAROO BANZAI - DIE 8. DIMENSION von

1984, ANGST - DAS CAMP IN SCHRECKEN von 1983 und DIE LETZTEN AMERIKANER von 1981 mit, um nur ein paar seine Auftritte zu nennen. Zu seinen Spielfilm-Rollen gehören noch kleinere Auftritte in diversen TV-Serien. Zu den Bekanntesten zählt zweifellos FACKELN IM STURM von 1984 und 1985, wo er in der Rolle des Charles Main mit dabei war. Für die Verkörperung des jungen Lenny Barnes, der sich vom Versager zum Macho entwickelt, trat Schauspieler Jason Gedrick in Erscheinung. Im Jahr 1983 startete er seine Karriere als Schauspieler im Film BAD BOYS. Dafür war er jedoch nur als Statist engagiert und somit tauchte sein Name in den Credits nicht auf. Dasselbe passierte ihm auch im Film LOCKERE GESCHÄFTE mit Tom Cruise im selben Jahr.

Vergessen war gestern, wir sprechen darüber!

Erst durch die Rolle des Lenny Barnes wurde Hollywood auf ihn aufmerksam und es trudelten ein paar weitere Rollenangebote ein. Allen voran seine Rolle in den Actionerstreifen DER STÄHLERNE ADLER und DER STÄHLERNE ADLER II. Später kamen noch Rollen für GEBOREN AM 4.JULI (1989), BACKDRAFT - MÄNNER DIE DURCHS FEUER GEHEN (1991) und in 23 Episoden für die TV-Serie MURDER ONE - DER FALL JESSICA aus dem Jahr 1995 dazu. Außerdem war er in vielen kleinen Rollen in Filmen und TV-Serien aller Art zu sehen.

Für die Rolle der Emily wurde die amerikanische Schauspielerin Jane Kaczmarek verpflichtet. Den meisten Film-Fans dürften sie aus der erfolgreichen TV-Serie MALCOM MITTENDRIN als Mutter von Malcom ein Begriff sein. Sie war und ist bis heute sehr aktiv im Film-Geschäft und hat regelmäßige Auftritte, in denen sie ihr Talent als Schauspielerin unter Beweis stellt. 1983 war sie in DIE VERWEGENEN SIEBEN als Mrs. Wilkes zu sehen, 1984 im Katastrophenfilm JUMBO CRASH als Donna Olian, 1986 in STADT IN WAFFEN und 1988 in der Buddy Komödie ICH BIN DU als Robyn Seymour. ZURÜCK AUS DER VERGANGENHEIT mag für manche sehr kitschig wirken. Allein die Tatsache das ein Engel zurück auf die Erde muss, weil er noch nicht für die „Obere Stadt" - eine schöne Umschreibung für den Himmel - bereit ist, klingt zugleich kitschig und romantisch.

Der Film möchte dem Zuschauer zeigen, dass man bereits Zeit seines Lebens all das tun und sagen sollte, was einem auf dem Herzen liegt, denn es könnte blitzschnell vorbei sein. Eine Message, die zum Nachdenken anregt. Um die Geschichte um Bobby und Lenny etwas mehr Abwechslung zu spendieren, aber auch, um vom Drama-Epos etwas abzuzweigen, wurden zahlreiche amüsante Gimmicks in den Plot integriert. Sie regen zum Schmunzeln an. Wer sieht schon mal einen Helfer von Gott auf einer Harley Davidson durch die Ebenen fahren? Noch dazu, wenn seine Fahrkünste zu wünschen übriglassen und man denken könnte, dass er zahlreiche Opfer im Himmel selbst herbeigeführt hat.

Vergessen war gestern, wir sprechen darüber!

Oder auch die Tatsache, dass nur Lenny seinen Geister-Freund Bobby sehen kann, was für einen Nachbarn die Frage aufwirft, ob er sich in den Wechseljahren befindet. Nun gut, wenn man am Steuer des Cadillacs keinen Fahrer sieht oder Lenny hinter seinem leeren Rennrad hinterher joggt, können schon Zweifel aufkommen. Interessant sind auch die Persönlichkeiten, die Bobby im Zug zum Bahnhof der oberen Stadt begegnet.

Hier finden sich zahlreiche Menschen, die auf die verschiedensten Arten ums Leben gekommen sind. Ein Taucher, der vermutlich ertrunken ist, ein Soldat aus dem Zweiten Weltkrieg, der einen Brief liest und eine alte Dame, die wohl an Lungenkrebs verstorben ist. Zumindest lässt ihr Raucherhusten - und die Frage nach einem Feuerzeug gegenüber Bobby - drauf schließen.

Trotz allem Humor lässt es sich ZU-RÜCK AUS DER VERGANGENHEIT nicht nehmen, auch ordentlich auf die Tränendrüse zu drücken. Unser Bobby hat die Fähigkeit, sich den Menschen zu zeigen, jedoch sei es ihm untersagt, sich anderen Menschen außer seinem Schützling zu zeigen. Doch Bobby hat Sehnsucht nach seiner Jugendliebe. Immerhin wurde er plötzlich aus ihrem Leben gerissen, obwohl er ihr noch so viel sagen wollte. Und so wägt Bobby die Konsequenzen, die ihm und seinem Helfer Raffael drohen, und zeigt sich seiner Liebe nach über 20 Jahren. Beide sind für eine Nacht glücklich und Bobby nimmt sie mit auf eine Reise in

die Vergangenheit. Sie gehen an Orte, die sie zusammen besucht haben und schwelgen in Erinnerungen. Doch auch Emily hat Bobby etwas zu sagen. Ihr Kind Lenny ist Bobbys Sohn. Sie war zur Zeit des Unfalls schwanger und konnte es Bobby damals nicht sagen. Dieser erfährt nun, wie es Emily damals erging und wie ihr Leben in den letzten 20 Jahren verlief. Sein ehemaliger Kontrahent beim Autosprint Jo, nahm sich ihrer an und gemeinsam zogen sie Lenny auf, wohlwissend dass Joe nicht der leibhaftige Vater war. So ahnt der Zuschauer bald, dass manche Handlungsstränge nicht nur irgendwie aus der Feder und Fantasie

Vergessen war gestern, wir sprechen darüber!

eines Skriptschreibers stammen, sondern sich teilweise wahre Erlebnisse und Schicksale verschiedener Menschen dahinter befinden.

Ein letzter großer Pluspunkt ist für mich der Soundtrack zum Film. Ein bunter Mix

aus Songs der 60s, poppigen Songs der 80er und gefühlvollen Balladen runden das Gesamtbild ab. Als Tipps empfehle ich die Titel „Heart of Love" von Jamie Bond, eine sehr schöne Ballade oder von John Fire „Out on the Edge", das ist der Titelsong. Debra Laws Song „Cruisin' Tonight" ist auch toll. Der ganze Score besteht einfach aus schönen Songs der Achtziger.

Wer eine Fantasy-Komödie mit puren 80er Feeling sucht, der sollte sich diesen Film merken und Ausschau nach ihm halten. Hoffentlich schafft er es in Deutschland auch mal auf Scheibe. Leider wird der Film im TV nicht mehr so gezeigt.

unter www.film-retro-shop.de
Handy/WhatsApp 015114993549
WIR KAUFEN EURE VHS AN !
email: hendrik@film-retro-shop.de

BE KIND
REWIND

$1.00
CHARGE
IF NOT
REWOUND

Retro Samstag an je-
dem ersten Samstag im
Monat 14-18 Uhr
Lübbecker Str. 206a,
325854 Löhne

Der aus dem Regen kam / Passager de la pluie, Le (1969)

Grauenvoll lüsterne Augen starren Mellie durch das Schaufenster an, als sie in einer Boutique ein Kleid anprobiert. Und ebenso scheußliche Hände werfen sie wenig später zu Hause auf ihr Bett. Ein Alptraum. Zwei Schüsse machen diesem Grauen ein Ende, Mellie hat den fremden Wüstling erschossen. Mein Gott, was hat sie getan? Wer wird ihr glauben? Völlig kopflos verwischt sie alle Spuren und fühlt sich gerettet. Doch der Alptraum hat gerade erst begonnen. Ein zweiter Fremder verfolgt sie, scheint alles zu wissen, stellt bohrende Fragen. Überall lauert ihr Jäger, wer ist er, was will er?

JOHNNY

Regisseur Clément schickt seine „première aktrice" Marlène Jobert auf eine, aus heutiger Sicht, aus der Zeit gefallene „Tour-de-force" mit fatalistischer Abwärtsspirale, das Psychogramm von Joberts' Charakter betreffend.

Sie verkörpert nämlich eine junge Französin, die, ihrer selbst völlig unreflektiert, grenzenlos naiv und zum Teil „Kind geblieben" an der französischen Atlantikküste in einem „goldenen Käfig" in den Tag hinein lebt, gar z.T. vegetiert, mit Dämonen der Vergangenheit kämpft und zu ihrer Mutter in einer ständig variierenden Hassliebe steht.

Ein eiskalter THRILLER, der direkt unter die Haut geht

DER AUS DEM REGEN KAM

Vergessen war gestern, wir sprechen darüber!

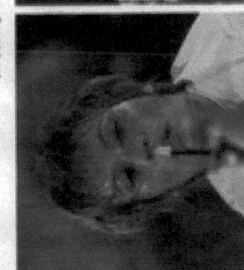

Psycho-Thriller

Grauenvoll küsse Augen starren Mella durch das Schaufenster an, als sie in einer Boutique ein Kleid anprobiert. Und ebenso scheußliche Hände werfen sie wenig später zu Hause auf ihr Bett. Ein Alptraum.

Zwei Schüsse machen diesem Grauen ein Ende, Mella hat den fremden Wüstling erschossen. Mein Gott, was hat sie getan? War wird ihr glauben? Völlig kopflos verwischt sie alle Spuren und fühlt sich gerettet.

Doch der Alptraum hat gerade erst begonnen. Ein zweiter Fremder verfolgt sie, scheint alles zu wissen, seit bohrende Fragen. Überall lauert ihr Jäger, wer ist er, was will er? Ein Gänsehaut erzeugendes Katz-und-Mausspiel, bei dem auch die erotische Seite nicht zu kurz kommt. Stararegisseur René Clément hat diese Zerreißprobe für harte Nerven mit einer Weltstar-Besetzung gedreht: Charles Bronson, Marlène Jobert und Jill Ireland.

Mella	Marlène Jobert
Dobbs	Charles Bronson
Juliette	Annie Cordy
Nicole	Jill Ireland

sowie Gabriele Tinti - Jean Gaven
Marc Mazza - Corinne Marchand

Regie	René Clément
Drehbuch	Sébastien Japrisot
Kamera	Giorgio Piziler
Produktion	Serge Silberman

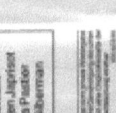

ca. 141 Min., Farbe

Ein Film der
Serge Silberman-
Produktion
im Vertrieb der

Herstellungsland:	Frankreich, Italien (1970)	Standard-Freigabe:	FSK 16
		Genre:	Drama, Krimi, Thriller
Kinostart:	29.10.1970		
Video-Premiere:	28.02.1998	Alternativtitel:	Rider on the Rain
DVD-Premiere:	17.11.2005		

Vergessen war gestern, wir sprechen darüber!

Freigabe:	FSK 16
Fassung indiziert?	Nein
Laufzeit:	112:11 Min. (inkl. Abspann)
Regionalcode:	RC 2
DVD-Format:	DVD-9 (8,5 GB)
TV-Norm:	PAL
Verpackung:	Keep Case (Amaray)
Bildformat:	1,66:1
Tonformat:	Deutsch (Dolby Digital 1.0 Mono)
Untertitel:	Keine
Extras:	keine

Das Verhältnis zum in der Handlungsrelevanz nur imaginär (visuell in FLASHBACKS) vorhandenen Vater bildet ausgerechnet die psychoanalytische Essenz dieses aussergewöhnlichen Dramas, denn es führt den Zuschauer über die, durchaus benötigte, Überlänge von zwei Stunden, anhand der in der Geschichte vorkommenden MÄNNER in Mellies' Leben, zur plot-twist-geschmückten Storyline, welche zwar spannungsarme Passagen aufweist, den kontinuierlichen Grad an Nervenkitzel aber nie abreissen lässt.

So soll nun, an dieser Stelle, auf eben diese MÄNNER in MÉLANCOLIE MAU'S [so lautet Mellie's vollständiger Name, selbst hier, in solch kleinen Details, ist bei Clément nichts zufällig oder beiläufig inszeniert, dies trifft auf nahezu jede METAEBENE in diesem durchdachten Werk zu] Dasein in DER AUS DEM REGEN KAM kurz und möglichst spoilerarm eingegangen werden.

MANN Nr. 1, zunächst lediglich in einem kurzen Telefonat mit Mellie spürbar, bildet den zwar abgöttisch geliebten, aber emotional gänzlich unzureichenden Part für die junge Frau. Ständig beruflich auf Reisen, ansonsten der Typ LEBEMANN & MACHISMO, hält sich der egomane Tony das „brave Frauchen" bestens versorgt in feudalem Anwesen, ohne sich wirklich für die Bedürfnisse seiner Frau zu interessieren. MANN Nr. 1 ist für Mellie also mitnichten das, was sie sich so sehnlichst wünscht: BEHÜTENDER VATERERSATZ!

MANN Nr. 2 dringt auf verwerflichste und brutalste Art und Weise in ihr Leben [und ihren Körper] ein, denn es ist der gesichtslose Widerling, ihr peinigender Vergewaltiger, der jedoch, schnell und offensichtlich, den höchsten Preis für sein niederträchtiges Handeln bezahlt - denn Mellie wächst in Wut und Scham über sich hinaus, vielleicht zum ersten Mal in ihrem Leben, und erschiesst ihn mit einer mächtigen Flinte. MANN Nr. 2 ist für Mellie keinesfalls das, was sie sich so sehnlichst wünscht, aber eine

Vergessen war gestern, wir sprechen darüber!

Art „Perversion von Motivation", denn sie nähert sich so,...

...über MANN Nr. 3, den ermittelnden Kommissar, ihrer „Erlösung". Der leitende Beamte hingegen ist ebenso frauenverachtend veranlagt wie Mellie's treuloser Ehemann, dazu noch persönlich mit diesem befreundet, und in seiner arrogant-falsch verstandenen, überheblichen Männlichkeit derart verblendet, dass er offensichtlich Erahnenswertes übersieht und Mellie sogar direkt bis

versteckt suggeriert, was sie für ihn darstellt: Das lediglich als Lustobjekt zu betrachtende, naive „Dummchen" und beliebig-austauschbarer Spielball der alles dominierenden MÄNNERWELT. Nichtsdestotrotz ist MANN Nr. 3, zumindest ideell-trotzig, flüchtig das, was sie sich so sehnlichst wünscht...

...und schliesslich AUS DEM REGEN in ihr, mittlerweile dem verzweifelten CHAOS nahegelegenen, Leben tritt: MANN Nr. 4, bewusst in dieser analytischen Kritik bis zum Schluss aufgespart:

Die wohl aussergewöhnlichste Rolle des MÄNNLICHSTEN aller MÄNNLICHEN HELDEN, CHARLES BRONSON, soll an dieser Stelle nicht näher interpretiert werden, bildet sie doch die „heimliche Essenz" dieses eigenen und, im wahrsten Sinne des Wortes, EIGENARTIGEN Streifens - mit dem omnipräsenten Dreh,- & Angelpunkt der „MÉLANCOLIE".

Hier ist nun der Zuschauer gefordert, sich ein hoffentlich gemischtes Urteil zu bilden, zwischen unterschwelliger Metaebene und tatsächlicher Plotverarbeitung. Man(n) beachte dabei besonders den „Tick mit den Walnüssen".

Sicherlich ist dieser Film auf verschiedenste Art und Weise provokativ, denn er ist weder ein reiner FRAUENFILM, noch ein reiner MÄNNERFILM, und schon gar kein (typischer) CHARLES BRONSON FILM der Marke DEATH WISH.

Wer das erwartet, wird bitter enttäuscht.

Wer sich, voreingenommen und verbohrt, dem ewigen Klischee des GESCHLECHTERKAMPFES cineastisch ausliefert, wird ebenso nicht abgeholt.

Vergessen war gestern, wir sprechen darüber!

Wer sich allerdings diesem, gesell-schaftspolitisch DAMALS wohl kontrovers diskutiertem und HEUTE vielfach kategorisch abgelehntem, Stück filmgewordener, künstlerischer PROVOKATION öffnet, wird mit einem sehr speziellen, auf mehreren Ebenen funktionierenden, ausnahmslos stark gespielten und handwerklich-audiovi-suell sauber inszenierten Psychodrama belohnt, welches vor sarkastischem Understatement strotzt und sich als Geheimtipp nennen lässt, dem der letzte Funke Genialität allerdings fehlt, um zur Spitze des konzipiert-spaltenden Kunstfilmes emporzusteigen.

...gessen war gestern, wir sprechen darüber!

NEU
BUD RÄUMT AB!
Der brandneue Bud Spencer-Filmhit – schon jetzt bei Ihrem Video-Fachhändler. Gleich ausleihen – ansehen – schlapplachen!
RCA Columbia Pictures
BUD SPENCER
TOMAS MILIAN
EIN TOTAL-ANGRIFF AUF IHRE LACHMUSKELN
Bud, der Ganovenschreck
mit MARC LAWRENCE MARGHERITA FUMERO DON SEBASTIAN
BILL GARRIGUES JOAN CALL
Ein Film von BRUNO CORBUCCI
THIEVES AND ROBBERS
RCA Columbia Pictures
TERENCE HILL
Zwei wie Pech und Schwefel
WATCH OUT WE'RE MAD
BUD SPENCER
Ausgezeichnet mit der ›Goldenen Kassette‹
Jetzt als Kaufkassette: Der Action-Komik-Spaß mit dem schlagkräftigen Super-Duo.
Terence Hill und Bud Spencer in „Zwei wie Pech und Schwefel".
nur DM 99,–
unverbindliche Preisempfehlung
RCA Columbia Pictures VIDEO
Qualität, die sich sehen läßt.

NIKITA

JOHNNY

Nikita / Nikita (1990)

Die Tat war brutal und brutal schlägt der Staat zurück: Nach einem Blutbad in einer Apotheke erhält die drogenabhängige Nikita lebenslänglich. Im Gefängnis wird sie überfallartig zu Tode gespritzt - scheinbar. Denn als Nikita erwacht, stellt sie der mysteriöse Bob vor die Wahl: Entweder läßt sie sich zur Killerin im Dienst der Regierung ausbilden, oder die nächste Spritze ist tödlich. Nikita entscheidet sich für das Leben. Unter neuer Identität mordet sie fortan präzise wie ein Roboter ihr unbekannte Menschen. Aber sie hat sich noch einen Rest von Gefühl und Wärme bewahrt...

Ein etwas anderes Resozialisierungskonzept wird in Luc Besson's Action-Reißer vorgestellt, welches die - für einen solchen Film außergewöhnlich komplex gestaltete - Handlung unterstreicht, ohne „Nikita" (U.S. Titel, international geführt) zu verkopft wirken zu lassen. Im Gedächtnis bleibt die kalte, vor natürlicher Coolness strotzende, Neo-Noir-Ästhetik mit einem treibenden und pumpenden Score. All das konnte das Remake „Codename: Nina" nicht mehr ausstrahlen, obgleich es doch als gelungen bezeichnet werden kann. Ein - entgegen der Populärmeinung - angestrengter (scheinbarer) Vergleich zwischen LÉON und NIKITA soll die These untermauern, dass man

es hier mit dem besten Film Bessons zu tun hat.

Und ja, „Nikita" darf getrost als Meisterwerk des französischen Zelluloidkünstlers genannt werden, gewinnt es doch das Duell mit dem allseits gefeierten „Léon - Der Profi". Dieser zweifelsohne auch sehr sehenswerte, ausgezeichnete Streifen (Anm. d. Verf.: 8 von 10) verlässt sich zu sehr auf sein ungleiches Duo, welches zwar prächtig harmoniert, aber auch in Endkonsequenz, Kaltes, Brutales und Erbarmungsloses vermissen lässt, da sich „Léon" mehr als (prä)familiäres Drama selbst generiert.

Vergessen war gestern, wir sprechen darüber!

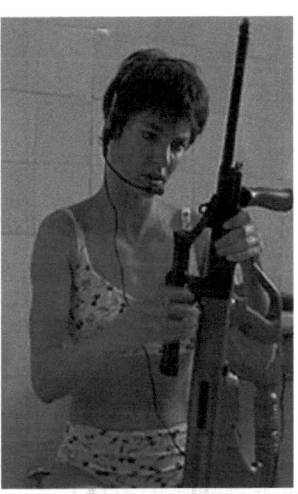

Vergessen war gestern, wir sprechen darüber!

Der Fokus liegt dabei dermaßen krampfhaft und gewollt auf Portman und Reno, welche zweifelsfrei so fabelhaft harmonieren und fantastisch agieren, dass kaum mehr Spielraum für andere Facetten oder gar Überraschungen bleibt. Wenn man ehrlich ist, muss man sogar sagen, dass wohl niemand während des Filmkonsums jemals an der Unversehrtheit des kleinen Mädchens gezweifelt hat, von dem äußerst vorhersehbaren Schicksal des Killers ganz zu schweigen. Zudem spielt die blutjunge Natalie auffällig provokativ und „schizo", was mit ziemlicher Sicherheit genauso gewollt war. So pendelt sie zwischen naiver Kindlichkeit und unterbewusster, früh-pubertärer „Femme-Fatale-Sinnlichkeit", dass es dem einen oder anderen schon moralin-sauer aufstoßen könnte. Nicht falsch verstehen, aber in einem „bösen Flick" wäre die Süße vielleicht nicht nur unter „Renos Fittiche" geraten. Dafür ist „Léon" jedoch offensichtlich zu brav und soll den Zuschauer - auch interpretativ - ganz wo anders abholen.

Zurück zu „Nikita" - Besson's Meister-Flic präsentiert sich auf vielen Ebenen differenzierter, das ewige Duell mit „Léon" ist kein Solches, aus o.a. Gründen. Besson serviert Unvorhersehbarkeit und nervenzerreißende Spannung, schweiß den Zuschauer an das Schicksal der jungen Frau und streut dabei viele Zweifel, ob sie den Film, der ihren Namen trägt, überleben wird. Anne Parillaud (sexy, emotional wandelbar, authentisch und handwerklich top) ist der unangefochtene Hauptcast und Fixpunkt, um den sich das übrige Ensemble grundsolide und adäquat formiert. So wurde ein herausragender Actionthriller geschaffen, welcher seiner Story noch die Luft zum Atmen und der speziellen Athmosphäre den Raum zur Entfaltung gönnt, obwohl es in den, immer noch massig zu findenden, Actionsequenzen atemlos und rasant zur Sache geht. Lässt man sich in jüngeren Jahren lediglich von rasanter Bilderflut eines Actionthrillers beeindrucken, gewinnt man doch später dem selten offensichtlichen, künstlerischen und damit anspruchsvolleren Aspekt solcher Filme etwas ab und lernt so die feinen Nuancen dieser Abstimmung zwischen gefühlvoller Kunst und brutaler Härte zu schätzen. Viele Regisseure scheiterten an diesem schmalen Grad, Luc Besson setzte Anfang der 90er Jahre eine Marke, die bis heute seinesgleichen sucht.

SIE TÖTET UM ZU LEBEN!

NIKITA

Vergessen war gestern, wir sprechen darüber!

Barbara Crampton

Im Jahr 1986 bekam Barbara Crampton ein Angebot vom amerikanischen Playboy-Magazin, das sie nicht ausschlug und für eine Fotosession zum Thema „Einfach tierisch - Hinter jedem Monster steht eine Frau" posierte.

Rob Zombie castete Crampton im Oktober 2011 für die Rolle der Virginia Cable in seinem Thriller „The Lords of Salem". Die US-Amerikanische Schauspielerin Barbara Crampton wurde am 27. Dezember 1958 in Levittown, Long Island - New York geboren und wuchs in Vermont auf. Ihr Vater arbeitete auf Jahrmärkten und Karnevals-Veranstaltungen. Bereits in der 7. Klasse begann Crampton mit der Schauspielerei und nahm an der High School sogar Schauspiel-Unterricht. Barbara machte ihren „Bachelor of Arts" am Castleton State College in ihrem Heimatort Ver-

mont. Nach Beendigung ihrer Schauspielausbildung verließ sie Vermont und ging zurück nach New York.

Dort spielte sie unter anderem die Cordelia in „King Lear", einer Tragödie aus der Feder von William Shakespeare, am „American Theater of Actors". Von 1976 bis 1981 arbeitete Barbara Crampton am Castleton State College.

Anfang der 1980er Jahre verließ sie New York und ging nach Los Angeles. Dort begann sie mit ihrer Filmschauspielkarriere und bekam eine Rolle in dem Horror-Film „Re-Animator" angeboten. Sie wurde dort als Scream Queen gecastet. Schon ein Jahr später bekam sie ein Rollen-Angebot für den Film „From Beyond - Alien des Grauens", was ihr einen enormen Bekanntheitsgrad einbrachte. Danach kamen weitere Rollenangebote und ihr Auftritt im Film „Castle Freak" aus dem Jahr 1995 brachte ihre Karriere weit nach vorne. Zuvor bekam sie kleinere Rollen, wie die Auftritte in „Puppet Master", „Entführt", „Trancers 2" und 1992 „Robot Jox 2". Doch als würdige Scream Queen wurde sie erst durch ihren Auftritt im Film „Chopping Mail" gewürdigt. Das Script zum Film stammt aus der Feder von Jim Wynorski.

Filmliste

- 1985 Re-Animator
- 1986 Entführt
- 1986 From Beyond
- 1990 Trancers 2
- 1992 Robot Jox 2
- 1995 Castle Freak
- 1998 Cold Harvest
- 2011 Lords of Salem
- 2012 You´re Next
- 2015 We are still here

STEFAN

Vergessen war gestern, wir sprechen darüber!

Mitte der 90er war „Hulkmania" nicht mehr wirklich „running wild". Mitte bis Ende der 1980er Jahre war Hulk Hogan der größte und beliebteste Superstar im Wrestling. Mitte des nächsten Jahrzehnts hatten sich die Fans an ihm sattgesehen, vor allem da sich sein Charakter einfach nicht änderte. Das war alles noch vor der NWO und „Hollywood Hogan". Hier war noch „say your prayers" und „eat your vitamins" angesagt (und das trotz des Steroid-Skandals).

Der Hulkster hatte zwar zuvor schon ein paar mehr oder weniger erfolg-reiche Filme gemacht (Der Hammer, Mr. Babysitter oder Der Ritter aus dem All), aber Thunder in Paradise sollte seine erste Serie werden. Nach seinem Gewinn der WWF (damals jedenfalls noch) Championship und anschließendem Verlust selbiger an Yokozuna, nahm sich Hogan nämlich eine Auszeit und schloss für längere Zeit mit dem Wrestling ab.

Für Thunder in Paradise tat sich Hulk mit den Produzenten von Baywatch zusammen und das sieht man der Serie in jeder Faser an. Sie wirkt zwar insgesamt wie ein Hybrid aus Baywatch (die Bikinis, Babes und das seicht Melodramatische), A-Team (keiner stirbt wirklich) und Knight Rider (das Boot ist wie K.I.T.T.), aber der Einfluss der Rettungsschwimmer-Serie ist in jeder Folge zu erkennen.

Wie gesagt wimmelt es vor Babes und Bikinis an schönen Stränden, dazu kommen seichte Storys und billige Popmusik. Vor allem das Intro will beim ersten Mal so gar nicht zu einer Action Serie passen. Nach 2 bis 3 Folgen hat man dennoch einen üblen Ohrwurm.

Das lustige an „Thunder" ist, dass nach dem Pilotfilm die ganze Struktur und Basis der Serie umgeschmis-sen wurde. Heiratet Hulk im Pilotfilm noch eine Frau, ist diese in der ersten regulären Folge schon tot, die Tochter neu besetzt und Hulk ist mit seinem Kumpel Bru quasi der Männerhaus-halt, der das Mädel großzieht. Immer unterstützt von der Barbesitzerin (Model) Carol Alt. Der legendäre Patrick Macnee (Mit Schirm, Charme und Melone), der im Piloten noch ein böser und hinterhältiger Mensch war, ist danach auf einmal der liebe und gutherzige Onkel.

Vergessen war gestern, wir sprechen darüber!

Der Kumpel Bru wird von Chris Lemmon (Sohn des legendären Jack Lemmon) gespielt, der nach der Serie von sich gab, das sie seine Karriere begraben hätte. Sie wird sie sicherlich nicht gefördert haben, auf der anderen Seite overacted der aber durch die ganze Staffel, sodass Hulk im Vergleich schon beinahe zurückhaltend agiert. In der Vietnam-Folge zeigt er zwar was hier und da in ihm steckt, aber das ist eher die Ausnahme als die Regel.

Hulk hatte schon in der WWF und später auch in der WCW eine ordentliche Entourage um sich herum und kümmert sich liebevoll um seine Freunde. So dürfen vor allem Jimmy Hart und Brutus Beefcake unmotiviert im Hintergrund rumlungern und an der Bar saufen. Maximal werden sie mal bei einem Beachvolleyball-Contest gefordert und auch Jimmy Neidhart ist hier und da mal mit dabei.

Auch Hercules, Steve Keirn und Terry Funk bekommen Auftritte spendiert. Die Liebe zu seinen Kumpels geht

soweit, das Tugboat einen arabischen Kämpfer darstellen darf! Googelt ihn und sagt mir bitte, was an ihm arabisch ist.

Zwei Wrestler stechen aber heraus: El Gigante / Giant Gonzales kämpt in einer Doppelfolge mit Hogan, aber vor allem Sting (Steve Bordon) spielt - wie später in der WCW - den Erzfeind von Hogan. Dabei zeigt er, dass er im Ring besser aufgehoben ist, denn sein Gesichtsfasching lässt Hulk wie Robert De Niro wirken. Sein Rollenname Hammerhead ist auch ziemlich knorke.

Die Folgen wurden in den alten MGM Studios - damals noch Disney Studios - gedreht und das merkt man ihnen auch an. Es kommen regelmäßig die gleichen Locations vor und Studioflächen werden auf fremde Länder zurechtgebastelt. Man weiß eigentlich nie so genau, wo man sich gerade befindet. In Florida oder in einem fremden Land - das ist zumindest, was man dem Zuseher suggerieren will. Dabei sieht das alles irgendwie gleich aus.

Thunder in Paradise (oft mit dem Untertitel: Heiße Fälle, coole Drinks) ist eine Fernsehserie, die von den Baywatch-Produzenten Douglas Schwartz und Michael Berk produziert wurde. Die Serie hatte nur eine Staffel.

WEITER GEHT ES AUF SEITE 48

Vergessen war gestern, wir sprechen darüber!

CARS FOR STARS

Besonders extravagant waren die zwei getrennten Fahrgastraumhauben, die an Düsenjägerkanzeln erinnerten und natürlich die großen Heckflossen. Das Fahrgestell wurde dem Lincoln Mark II entnommen. Die Heckflossen wurden später in die Serienmodelle übernommen und der Futura bekam in dem Film „It started with a kiss" eine rote Lackierung verpasst. George Barris kaufte das Fahrzeug und wandelte es 1966 für die TV-Serie „Batman" zum Batmobil um. Im Januar 2013 erzielte das Fahrzeug bei einer Auktion einen Preis von 4,2 Millionen US-Dollar (umgerechnet ca. 3,1 Millionen Euro).

Vergessen war gestern, wir sprechen darüber!

Lincoln Futura - Batmobile

Welcher Film- oder Serien-Star geht schon gerne zu Fuß? Keiner! Ein mobiles Fortbewegungsmittel ist in der heutigen Zeit ebenfalls kaum noch wegzudenken. Der Mensch ist faul und träge geworden und nutzt das Automobil selbst für unsinnige, oft kurze Wege. Und wenn es nur zum Briefkasten um die Ecke ist. Darüber hinaus ist das Auto immer noch das liebste und heiligste Spielzeug der männlichen Bevölkerung - und das nicht nur in Deutschland. Superhelden wie Batman und Robin nehmen aber natürlich kein Auto vom Band. Nein, es muss schon etwas Extravagantes sein. Ausgestattet mit zahlreichen technischen Raffinessen und Gimmicks, die man später nur allzu häufig in Agentenstreifen wie „James Bond" wiedergefunden hat. Für die „Batman"-Serie, die von 1966 bis 1968 produziert wurde und es auf insgesamt 120 Episoden mit einer Laufzeit von 25 Minuten schaffte, musste ein futuristisches Gefährt her. Doch woher nehmen, wenn es das nicht gibt?

Im Jahr 1955 stellte das italienische Designbüro „Ghia" Entwurf und Prototyp des Lincoln Futura dem amerikanischen Automobilhersteller FORD vor. Allein die Baukosten des Modells verschlangen satte 250.000 US-Dollar. Die Firma „Ghia", die 1921 gegründet wurde, machte sich bereits einen Namen, weil sie unter anderem für FIAT, LANCIA und ALFA ROMEO diverse Designstudien vorlegten, die auch teilweise in Serie gingen. Das Modell des Lincoln Futura basiert auf dem Fahrgestell des Lincoln Mark II. Die MARK-Serie zeichnete sich durch luxuriöse

Modelle aus - zumeist Coupes und Limousinen - die FORD von 1956 bis 1998 in verschiedenen Formen auf dem Automobilmarkt anbot. Das bekannteste Markenzeichen dieser Serie ist das Heck des Autos. Eine große Auswölbung am Kofferraumdeckel (deck lid hump), die den Eindruck erweckt, als befände sich darunter ein stehendes Reserverad. Dieses Erkennungszeichen war eine Hommage an die allererste Serie aus dem Hause Lincoln, bei der sich tatsächlich ein Rad darunter befand. Diese Unterbringung des Reserverads wurde später zwar komplett verworfen, doch aufgrund der markenprägenden Wirkung, gab es ein „Continental-Kit", das es einem erlaubte, sein Reserverad auf dem Kofferraumdeckel zu montieren.

Was zeichnet den Lincoln Futura aus? Zuvorderst ist da natürlich das futuristische Design. Beeindrucken ist das vor allem, wenn man bedenkt, aus welchem Jahr das Auto stammt. Es gab zwei getrennte Fahrgastraumhauben, die einen doch sehr an einen Düsenjäger erinnern. Dazu die geschwungenen und langgezogenen Heckflossen, die man zuvor schon oft an Cadillacs bewundern konnte. Für die Serienproduktion wurden die Heckflossen übernommen, doch die Kapseln wichen einer normalen Windschutzscheibe. Dazu besticht das Interieur noch mit allerlei Raffinessen und Spielereien, die ihrer Zeit ebenfalls weit voraus waren. Anzeigen wie Temperatur und Blinker im Cockpit wurden mit farblichen Birnen bestückt und so erwachte die Fahrerkabine in bunten Farben zum Leben.

Ganz so, wie man es heutzutage in jedem Auto hat. Im Produktionsjahr von „Batman" kauften die Brüder Barris ein Modell und modifizierten es eigens für die geplante Serie. Nach nur drei Wochen Produktionszeit präsentierten sie ihre Variante des Batmobils. Die Brüder Barris sind in der Automobil-Szene keine Unbekannten. Schon in den 1950er Jahren bauten sie Serien-Modelle nach ihren Ideen und Vorstellungen um.

CARS FOR STARS

Vergessen war gestern, wir sprechen darüber!

Nationales Automobilmuseum, Lake St, Reno, Nevada, USA.

Vergessen war gestern, wir sprechen darüber!

BLOG-FLUXKOMPENSATOR.DE

Anfang der 70er Jahre startete eine Welle von Science-Fiction Filmen, - vornehmlich aus den USA - die sich kritische Fragen über unseren Planeten und den dort ansässigen Lebewesen stellte. Weg von den außerirdischen Invasoren, die jahrzehntelang das Genre in Geiselhaft hielten. Dazu zählten COLOSSUS – THE FORBIN PROJECT (1970), ANDROMEDA – TÖDLICHER STAUB AUS DEM ALL (THE ANDROMEDA STRAIN, 1971), LAUTLOS IM WELTRAUM (SILENT RUNNING, 1972), SOYLENT GREEN – JAHR 2022... DIE ÜBERLEBEN WOLLEN (1973), WESTWORLD (1973) oder ROLLERBALL (1975), um nur ein paar zu nennen. Auslöser für dieses Umdenken waren mit ziemlicher Sicherheit Stanley Kubricks Meisterwerk 2001 – ODYSSEE IM WELTRAUM (2001:A SPACE ODYSSEY, 1968), Elio Petris DAS ZEHNTE OPFER (LA DECIMA VITTIMA, 1965) und die zunehmende Umweltverschmutzung vor der eigenen Haustür eines jeden. PHASE IV entstand in der Blütezeit dieser neuen Welle und gehört zu den spannendsten und interessantesten Schöpfungen der Ära. In eindrucksvollen Bildern beschreibt Oscar-Gewinner Saul Bass was passiert, wenn auf der Erde ein Lebewesen auftaucht, das sich mit der Intelligenz des Menschen messen kann und ihm sogar überlegen ist. Nach einem rätselhaften kosmischen Ereignis entstehen in einer Wüste der USA seltsame, mehrere Meter hohe Türme. Die beiden Wissenschaftler Dr. Ernest D. Hubbs (Nigel Davenport) und James R. Lesko (Michael Murphy) sollen deren Ursprung schnellstens erforschen. Nach kurzer Zeit ist klar, dass die Erbauer der Türme Ameisen sind, die zudem eine neue Art von Intelligenz entwickelt haben. Die beiden Experten versuchen fieberhaft, die Sprache der Ameisen zu entschlüsseln und einen Kontakt herzustellen.

Phase IV / Phase IV (1974)

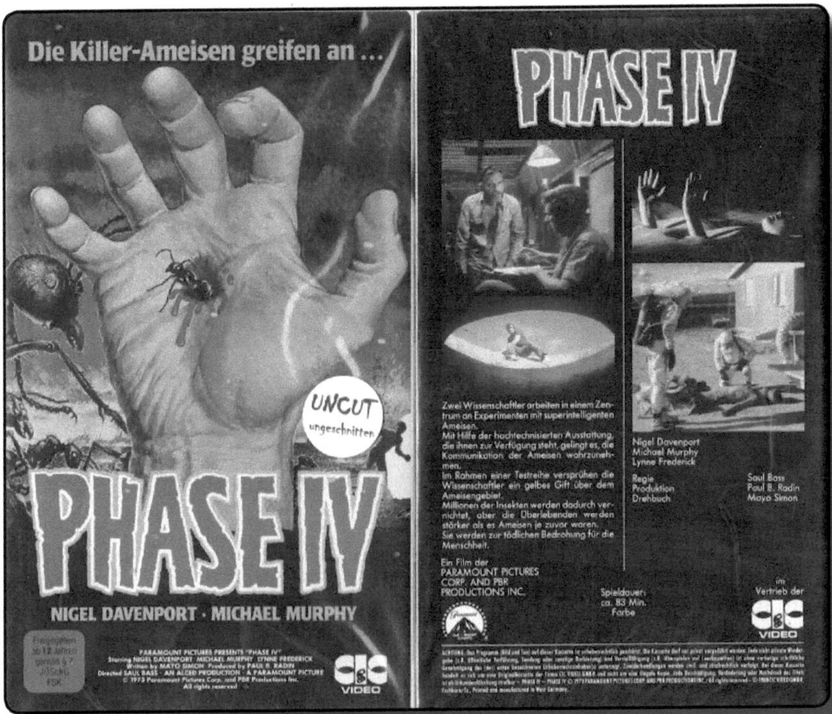

Die Killer-Ameisen greifen an ...

PHASE IV

PHASE IV

NIGEL DAVENPORT · MICHAEL MURPHY

Zwei Wissenschaftler arbeiten in einem Zentrum an Experimenten mit superintelligenten Ameisen.
Mit Hilfe der hochtechnisierten Ausstattung, die ihnen zur Verfügung steht, gelingt es, die Kommunikation der Ameisen wahrzunehmen.
Im Rahmen einer Testreihe versprühen die Wissenschaftler ein gelbes Gift über dem Ameisengebiet.
Millionen der Insekten werden dadurch vernichtet, aber die Überlebenden werden stärker als es Ameisen je zuvor waren. Sie werden zur tödlichen Bedrohung für die Menschheit.

Ein Film der
PARAMOUNT PICTURES CORP. AND PBR PRODUCTIONS INC.

Nigel Davenport
Michael Murphy
Lynne Frederick

Regie
Produktion
Drehbuch

Saul Bass
Paul B. Radin
Mayo Simon

Spieldauer:
ca. 83 Min.
Farbe

im
Vertrieb der

CIC VIDEO

Irgendwo in der Wüste von Arizona gerät der Biorhythmus der Natur außer Kontrolle: Die dort ansässigen Ameisen sämtlicher Rassen vermehren sich auf unerklärliche Weise zunehmend und werden so zu einer Bedrohung für Mensch und Tier. Zwei Wissenschaftler wollen diesem Phänomen auf den Grund gehen. Nachdem die ortsansässigen Farmer evakuiert wurden, versuchen die Wissenschaftler in einer eigens hierfür errichteten, hermetisch abgeriegelten Laborkuppel die Ursachen für das agressive Verhalten der Ameisen zu ergründen. Nach anfänglich erfolglosen Recherchen kristallisiert sich schnell das wahre Gesicht der Insekten heraus. Die Ameisen denken und folgen einem komplexen Plan, der nur ein Ziel hat: Die Vorherrschaft der Menscheit zu beenden...

Vergessen war gestern, wir sprechen darüber!

BLOG-FLUXKOMPENSATOR.DE

Um den Vorgang zu beschleunigen, zerstört Dr. Hubbs die seltsamen Türme, was sich als schwerer Fehler erweist. Schon öfters traten Ameisen als monströse Kreaturen im fantastischen Film auf. Das beste Beispiel dafür ist wohl Gordon Douglas Klassiker FORMICULA (THEM!, 1954). Statt diese unglaublichen Insekten erneut in überdimensionale Monster zu verwandeln, statten Regisseur Saul Bass und sein Drehbuchautor Mayo Simon sie mit einer Extraportion Intelligenz aus. In fantastischen Aufnahmen bekommen wir das Innenleben dieses außergewöhnlichen Ameisenvolkes vor Augen geführt. Wie sie kommunizieren, ihre Angriffe planen und ihre Toten betrauern. Mehrmals wird in PHASE IV der Vergleich zwischen Ameise und Mensch herangezogen, wie auch zwischen Technik und Wissenschaft gegenüber der Natur. Und jedes Mal steht die Menschheit als Verlierer da,

ist immer einen Schritt zu langsam. Durch seine arrogante und egoistische Individualität verliert der Mensch gegenüber dem straff organisierten, totalitären Ameisenstaat, in dem jeder Bewohner einen wichtigen Platz besetzt.

Dort gibt es keine Diskussionen oder Machtstreben, keine Zweifel oder Angst, weder Liebe noch Hass. Gemeinsam gilt es, den Staat zu schützen und am Leben zu halten, koste es was es wolle. Geschickt dekonstruiert der Film die Position des Menschen innerhalb der Schöpfung und zeigt ihn als zerstörerisch gegen das Leben und sich selbst. Ganz gewiss nicht als die Krone allen Lebens im Universum, so wie es ambivalente Religionen ihren Gläubigen gerne verkaufen. Stattdessen präsentiert uns Saul Bass von Beginn an die wahre Natur des Tieres „Mensch" und zeigt uns sein aggressives und tödliches Wesen.

Die eigentlichen Protagonisten sind die Ameisen, die sich zur Wehr setzen, um ihr Volk zu schützen. Der Antagonist ist der Mensch, der ohne nachzudenken und gewissenlos gegen die Natur und seine Schöpfungen vorgeht. Ganz dem Auftrag seines scheinheiligen Gottes verpflichtet, getreu dem Motto: „Seid fruchtbar und mehrt euch, füllt die Erde und unterwerft sie und waltet über die Fische des Meeres, über die Vögel des Himmels und über alle Tiere, die auf der Erde kriechen!" Am Ende bleibt nur die bittere Erkenntnis, dass der Mensch nichts weiter als einen lächerlichen, kosmischen Irrtum darstellt.

Freigabe:	FSK 12
Laufzeit:	80:03 Min. (78:19 Min. o. A.)*
Regionalcode:	RC 2
DVD-Format:	DVD-5 (4,7 GB)
TV-Norm:	PAL
Verpackung:	Keep Case (Amaray)
Bildformat:	1,78:1 (anamorph / 16:9)
Tonformat:	Deutsch (Dolby Digital 2.0 Mono) Englisch (Dolby Digital 2.0 Mono)
Untertitel:	Deutsch,Englisch

Vergessen war gestern, wir sprechen darüber!

Die Action ist sehr jugendfreundlich. Man kann die Serie auch einem 6-Jährigen zeigen, ohne sich darüber sorgen machen zu müssen. Damals war der Hulkster halt noch sehr um sein Image bemüht. Ein deutlicheres Babyface kann es gar nicht geben.

Neben Hogan und dem Rest des Casts, gibt es den einen oder anderen netten Gastauftritt zu sehen: Sam Jones (Flash Gordon), Cary Tagawa, John Beck, Loren Avedon, Richard Lynch und auch Linda Hogan, des Hulks damalige Ehefrau.

Ein paar Folgen stechen aufgrund ihres Wahnsinns etwas heraus. Das moderne Unterwassergefängnis, der Voodoo Priester mit seiner Untoten Armee und das schottische Computergenie. Es geht aber schon auch mal um den Weltraum oder Monster

Trucks. Ganz so, als ob sich ein paar 12-jährige Jungs die Skripts ausgedacht hätten. Das Motto schien zu lauten: Je wilder die Prämisse, desto besser!

Dazu passt auch das Boot, das so ziemlich alles kann. Der beste Special Effect ist ohnehin, dass das Boot - wenn die beiden drin stehen - ganz normal aussieht. Gehen sie aber unter Deck, bzw. schließen sie das Dach, dann ist da eine riesige Brücke, quasi das beste Gadget des Bootes. Eigentlich unfassbar.

Vergessen war gestern, wir sprechen darüber!

Die Effekte pendeln sich so auf typischem 90er Niveau ein, so wie man das von Serien wie Hercules oder Sliders kannte. Wie beim A-Team gibt es weder Blut noch harte Gewalt, aber dafür gibt es ein paar nette Explosionen und vom Immortal One eins auf die Mütze.

Eine Serie, die definitiv ein Projekt ihrer Zeit ist: harmloser und hirnloser Fun ohne irgendeinen Anspruch. Wenn man sich an seine Kindheit zurückerinnern will, dann kann man hier eine gute Zeit verbringen, auch wenn man den ein oder anderen Fremdschäm-Moment überstehen muss.

Allein dafür, dass uns die Serie indirekt quasi die nWo beschert hat, muss man

einfach dankbar sein. Wäre Thunder nicht quasi neben der WCW aufgezeichnet worden, dann hätte Erich Bischoff wohl keine Verhandlungen mit Hulk geführt, ihn nicht in die WCW gebracht, es hätte die nWo nicht gegeben und wir hätten einen der größten Heel Turns der Geschichte verpasst.

Fazit: Das Ding ist goofy, corny, die Dialoge sind lächerlich und Charakterisierungen gibt es nicht. Die Storys sind banane und beim Schauspielern geht es nur darum, noch schräger dreinzuschauen, aber verdammt, ist das herrlich lustig und unterhaltsam. Ein Hoch auf Thunder in Paradise! Eine Serie, die es so nur in den 90ern geben konnte. Hulk still rules!

JOHNNY

SHOOT TO KILL

Roger Spottiswoode lieferte 1988 mit „Shoot To Kill" einen interessanten Genremix und eine spannende Geschichte mit handverlesener Charakterauswahl ab. Sidney Poitier, bekannt aus z.B. „In der Hitze der Nacht", spielt einen Agenten des FBI, der einen Mörder und Kidnapper jagt. Dieser flüchtet sich - nach weiteren, brutalen Morden an seinem letzten Entführungsopfer und einem armen Bergsteiger, dessen Identität der psychotische Killer annimmt - in eben jene, rein aus einigen Männern bestehende, Wandergruppe des Charakters von Kirstie Alley, welche nun völlig unwissentlich, einen „Wolf im Schafspelz" in ihren Reihen führt.

Mit einigem Vorsprung ausgestattet ist die süße Bergziege natürlich funkmäßig nicht erreichbar, wohl auch aufgrund eines nahenden Unwetters. Der Verfolger von den Feds hängt sich dem Ehemann der Bergführerin an die Fersen, welcher von Tom Berenger (dem fiesen G.I. Barnes aus „Platoon") verkörpert wird. O.a. Genremix offenbart sich bereits aus dieser kurzen, spoilerfreien Inhaltsübersicht, denn was in „Mörderischer Vorsprung", so der deutsche Verleihtitel, als thrillermäßiges Geiseldrama beginnt, wandelt sich zielstrebig und rasant zu einem spannungsgeladenen Actionabenteuer in originaler, (alb)traumhafter US-Naturkulisse. Zudem gehen Poitier und Berenger vollends und sogar etwas übermotiviert, dabei trotzdem jeweils ambitioniert und positiv-grenzgängig, im Buddy-Movie auf, wo wieder einmal die großen Unterschiede der unfreiwilligen Partner für einen besonderen Reiz sorgen.

Vergessen war gestern, wir sprechen darüber!

Thriller

Dabei wäre es leicht gewesen, vorrangig die Rassenkarte zu spielen, doch so einfach macht es sich Spottiswoode nicht. Er legt den Fokus hauptsächlich auf die Kontroverse „Stadtmensch" und „Landei", wobei köstliche und z.T. sogar spontan-witzige Szenen zu Stande kommen, die den Zuschauer perfekt an die Charaktere binden.

Soviel sei gefahrlos verraten: Der Spieß, vor allem des jeweils vorteilhaft Tonangebenden, wendet sich im weiteren Filmverlauf noch einmal sinnvoll passend und originell. Poitier und Berenger liefern einzeln und im Zusammenspiel eine hervorragende Leistung ab. Im Schatten derer, aber im Rahmen ihrer Möglichkeiten solide, agiert Kirstie Alley neben ihrer nicht zufällig zusammengewürfelten Männergilde, denn hier versteckt sich ein wirklich beachtenswertes Gimmick des Streifens: Die Charaktere der Bergwanderer wurden ausnahmslos von Schauspielern besetzt, deren Ge-

sichter schon einmal, oder gar mehrfach in der jeweiligen, cineastischen Vergangenheit, Bösewichter verkörperten, was es dem Zuschauer zunächst zusätzlich erschwert, den versteckten Killer zu entlarven, dessen Visage nämlich im bisherigen Filmverlauf noch nicht offenbart wurde. (Dieses geheimnisvolle, maskierte Auftreten, nebst flüsternd-heiser-verstellten Stimme, lässt zu Anfang alte Mystery-Suspense-Genrestimmung auflodern)

Zusammenfassend lässt sich „Shoot To Kill" aus heutiger Sicht problemlos als Geheimtipp einordnen. Wer auf teils atemlose Spannung, mit wenigen bis keinen Durchhängern und actiongeladenen Überlebenskampf in wilder Natur steht, sollte bei dieser kleinen, fast vergessenen, zudem noch nur mäßig budgetierten 80s-Perle bedenkenlos zugreifen.

Vergessen war gestern, wir sprechen darüber!

Herstellungsland: USA, Kanada (1988)

Kinostart: 04.08.1988

Video-Premiere: 15.02.1989

DVD-Premiere: 12.09.2002

Standard-Freigabe: FSK 16

Genre: Abenteuer, Action, Drama, Krimi, Thriller

Alternativtitel: Deadly Pursuit Mountain Man

Vergessen war gestern, wir sprechen darüber!

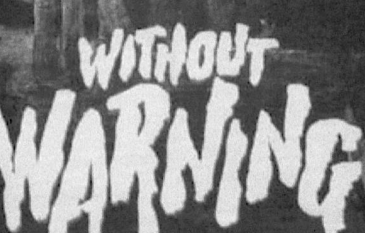

IT PREYS
ON HUMAN
FEAR.

IT FEEDS
ON HUMAN
FLESH.

WITHOUT WARNING

THE ALIEN TERROR IS HERE ON EARTH

SKIP STELOFF presents A GREYDON CLARK PRODUCTION

WITHOUT WARNING

JACK PALANCE · MARTIN LANDAU · TARAH NUTTER

CHRISTOPHER S. NELSON · CAMERON MITCHELL

NEVILLE BRAND · SUE ANE LANGDON · RALPH MEEKER · LARRY STORCH   ASSOCIATE PRODUCERS   CURTIS BURCH/MILTON SPENCER
EXECUTIVE PRODUCERS   SKIP STELOFF/PAUL KIMATIAN   MUSIC BY DAN WYMAN   WRITTEN BY LYN FREEMAN/
DANIEL GRODNIK/BEN NETT/STEVE MATHIS   PRODUCED AND DIRECTED BY GREYDON CLARK   COLOR BY MOVIELAB

Alien Shock / Without Warning (1980)

STEFAN_F

Ein abgelegener Landstrich in den USA: In der Nähe eines kleinen Waldsees verschwinden einige Menschen. Trotz eindringlicher Warnung wollen vier Jugendliche in dieser Gegend kampieren. Als zwei von ihnen verschwinden, machen sich die beiden anderen auf die Suche. Sie finden ihre Freunde grausam zugerichtet vor. Auf ihrer Flucht werden die beiden von kleinen vampirartigen Wesen angegriffen. Doch die blutgierigen Bestien sind nur die Vorboten eines mächtigen Aliens. Joe Taylor, ein Vietnamveteran, stellt sich der ausserirdischen Bedrohung.

Wir schreiben das Jahr 1987 und eine Gruppe Söldner unter der Leitung von Major „Dutch" Schaefer (Arnold Schwarzenegger) kämpft im südamerikanischen Dschungel gegen einen übermächtigen Gegner. Am Ende stellt sich heraus, dass es sich um einen außerirdischen Jäger handelt, der die Erde für seine private Safari auserkoren hat. Wenige ahnten, dass die Fremden schon viel früher unseren Planeten besuchten.

Sieben Jahre zuvor landete einer von ihnen in der US-Amerikanischen Einöde abseits der Großstädte und ging dort erfolgreich auf Menschenjagd. Er hatte das komplette Gebiet inklusive einer winzigen Stadt zu seinem Revier auserkoren und terrorisierte die Bevölkerung. Besonders perfide war seine

Bewaffnung: Es handelte sich dabei um eine Art fliegender Vampir-Käfer, die sich an ihren Opfern festsaugten und sie innerhalb weniger Minuten töteten. Einen ausführlichen Bericht über die damaligen Geschehnisse liefert Greydon Clarks Film ALIEN SHOCK. Ein Vater (Cameron Mitchell) und sein Sohn (David Caruso) werden während eines Jagdausfluges Opfer dieser unheimlichen, fliegenden Vampire. Zur gleichen Zeit sind die vier Jugendlichen Tom (David Caruso), Greg (Christopher S. Nelson), Beth (Lynn Theel) und Sandy (Tarah Nutter) auf dem Weg zum nahe gelegenen See für einen netten Wochenendausflug. An der örtlichen Tankstelle treffen sie den mürrischen Taylor (Jack Palance), der sie eindringlich davor warnt, dort ihre Zeit zu verbringen.

Vergessen war gestern, wir sprechen darüber!

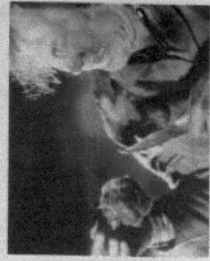
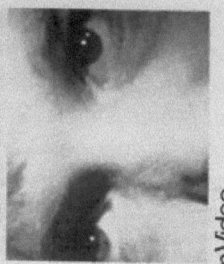

ALIEN SHOCK

mit
Jack Palance, Martin Landau, Ralph Meeker
u.a.

Regie: Greydon Clark

Außerirdische aus fremden Galaxien („Alien") wählen sich die Erde zum Schauplatz ihrer tödlichen Spiele. Jagen und Töten – das sind ganz normale Begriffe für jemanden, der schon einmal zum eigenen sportlichen Vergnügen auf die Jagd gegangen ist. Doch hier wird der Mensch zum gehetzten und gejagten Wild. Schleichend zunächst, nimmt die tödliche Treibjagd der „Alien" ihren Lauf. Unerklärliche Todesfälle erregen die Menschheit. Taylor (Jack Palance), selbst ein passionierter Jäger, ist der erste, der die lauernde Gefahr erkennt und mit verzweifeltem Mut jetzt seinerseits die fremden Eindringlinge in die Enge zu treiben versucht. Auch Sarge (Martin Landau), Vietnam Veteran mit unerschütterlichem Überlebensinstinkt, wie er nur auf dem Schlachtfeld erworben werden kann, erkennt mit unheilvoller Gewißheit die Bedrohung der Menschheit. Eisiges Entsetzen schüttelt auch Sandy und Greg, als sie ihre verschollenen Freunde wiederfinden: tot, erhängt in einer verlassenen Hütte, umgeben von anderen menschlichen Überresten, die wie Jagdtrophäen in der Hütte angeordnet sind. Wer wird der nächste sein? Woran überhaupt erkennt man die rätselhafte, drohende Gefahr?

Wird es möglich sein, das scheinbar unabwendbare Schicksal abzuwenden, wenn es erst einmal gelungen ist, den „Alien" bis zu ihrem verborgenen Standort nachzuspüren?

Unmöglich, sich der nervenzerreißenden Spannung, die das Unfaßbare, Ungreifbare dieser Science-Fiction Story auf den Zuschauer ausüben, zu entziehen.

90 min FARBE
GEMA

Dieses Programm ist urheberrechtlich geschützt und darf nur privat und zu Hause vorgeführt werden. Verleih oder Vermietung, Aufführung oder Wiedergabe im Fernsehen, Kopieren, Vervielfältigung oder Überspielung, zwei öffentliche Vorführung. Senden oder sonstige gewerbliche Nutzung oder deren Duldung ist nur mit ausdrücklicher Genehmigung der PolyGram Video erlaubt und wird andernfalls zivil- und strafrechtlich verfolgt.

PolyGram Video

Herstellungsland:	USA (1980)
Blu-ray-Premiere:	27.03.2015
Standard-Freigabe:	FSK keine Jugendfreigabe
Genre:	Horror, Science-Fiction
Alternativtitel:	

Das Geheimnis der fliegenden Teufel
It Came Without Warning
Alien Warning
Alien Encounters
Alien Shock

Vergessen war gestern, wir sprechen darüber!

Trotz aller Warnungen bleiben die vier bei ihrem Plan und schon kurz nach ihrer Ankunft am See verschwinden Tom und Beth spurlos. Greg und Sandy machen sich umgehend auf die Suche nach ihren Freunden, wodurch sie ebenfalls ins Visier des Fremden geraten. In der Folge beginnt eine erbarmungslose Jagd.

In diesem grandios-billigen Filmchen, das viel besser in die 1950er oder 1960er Jahre gepasst hätte, präsentieren sich zwei Hollywood Altstars in ausgelassener Spiellaune. Jack Palance und Martin Landau brillieren einerseits als passionierter Jäger und andererseits als durchgeknallter Kriegsveteran. Alleine für die beiden Stars lohnt es sich, einen genaueren Blick auf diesen eher unbekannten und verkannten Film zu werfen. Während „Sarge" (Landau) die verschrobene Rolle des Mahners und Warners innehat, ist Palances Charakter „Taylor" der praktischere. Er ist der Mann, der das Problem anpackt.

Vergessen war gestern, wir sprechen darüber!

Der idealisierte Amerikaner, der vor nichts und niemandem Angst hat und mit wehenden Fahnen in den Krieg zieht. Diese beiden Charaktere sind zum einen die bestimmenden Protagonisten des Filmes, zum anderen mögen sie sich nicht sonderlich, was für Zündstoff sorgt. Der in Michigan geborene US-Regisseur Greydon Clark lässt den beiden Hollywoodgrößen alle Freiheiten, die sie sichtlich nutzen und auskosten. Gut möglich, dass ein erfahrener Regisseur mehr aus dem Stoff hätte holen können, trotzdem ist WITHOUT WARNING jederzeit unterhaltsam.

Der Streifen ist altmodisch inszeniert und lässt sich viel Zeit für seine Charaktere sowie den Fortgang der Handlung. Seine stärksten Momente hat er vor allem, wenn das ungleiche Duo Palance und Landau auf der Bühne erscheinen. Der Jäger-Alien ähnelt einer zu groß geratenen Version der verrückten Marsmenschen aus Tim Burtons MARS ATTACKS! (1996). Unter dem Kostüm steckt der afroamerikanische Schauspieler Kevin Peter Hall, der aufgrund seiner enormen Körpergröße von 2,20 Meter die Rolle bekam. Er schlüpfte auch 1987 in den legendären Anzug des Predators im Kampf gegen Arnie. Ebenso in der Fortsetzung von 1990, wo er gegen Danny Glover antreten musste, womit sich der Kreis schließt.

Die Effekte bei ALIEN SHOCK - so der deutsche alternative Titel – sind billig. Gerade wenn die fliegenden Vampire an ihren Kabeln durch das Bild wirbeln, sieht man dem Film sein kleines Budget von 150.000 US-Dollar an. DAS GEHEIMNIS DER FLIEGENDEN TEUFEL ist eine kleine, kuriose Perle aus den 1980ern. Ganz in der Tradition der bekannten schwarz-weiß Klassiker verortet, nimmt der Film eines der legendärsten Monster der Filmgeschichte, den Predator, erfolgreich vorweg.

START 1988
DAS FAIR-PLAY-KONZEPT

Auf ins neue Jahr mit dem Spitzenprogramm von TAURUS VIDEO. Auch 1988 bieten wir wieder ein starkes und abwechslungsreiches Programm.

HORROR THRILLER

ABENTEUER ACTION

Nachts wird er zur Bestie, tagsüber spielt er den netten jungen Mann von nebenan. ALPTRAUM DES GRAUENS, ein Film von Marvin J. Chomsky mit MARK HARMON in der Hauptrolle.
Buch: Richard W. Larsen, Produktion: Malcom Stuart, Produktionsland: USA 1986.
FSK liegt zur Prüf. vor. Best.-Nr. 000625.
Laufzeit: Jumbo-Kassette ca. 180 Min.

Drei Schwerverbrecherinnen kämpfen in der Wüste von Arizona um das nackte Überleben. In den Hauptrollen DAN HAGGERTY und SUSAN ST. James.
Produktion: Robert Stambler, Regie: Earl Bellamy. Kamera: Jorge Stahl. FSK liegt zur Prüf. vor. Best.-Nr. 000641. Laufzeit: ca. 90 Min.

TAURUS
VIDEO

TAURUS
Film Video GmbH
Betastraße 1
8043 Unterföring
Tel. 098 / 95 08 83 20
Tel. 089 / 95 08 83 18
Telex 5 23 222-30 bf
Telefax 089 / 9 50 61 61

Österreich
Rainbow Video
Vertriebsgesell. mbH
Ecke Südranstr./Wagner
Schönkirchgasse
A-1230 Wien

Schweiz
Rainbow Video AG
Schönmattstr. 4
CH-4153 Reinach

STEFAN

DIE UNGLAUBLICHE GESCHICHTE DER MRS. K

Pat Kramer (Lily Tomlin) ist eine gewöhnliche Vorstadt-Hausfrau und Mutter, die ein ganz normales Leben führt. Eines Tages testest sie in ihrem von Konsum geprägten Haushalt ein neues Haushaltsmittel der Werbeagentur ihres Mannes. Wenig später muss sie feststellen, dass ihre Kleidung plötzlich zu groß ist. Im Kleinman Institut wird sie untersucht und die Ärzte stellen fest, dass sie auf Grund von Reinigungs- und Hygieneprodukten langsam schrumpft. Mit schwindender Größe hat sie auch mehr und mehr Schwierigkeiten, ihre Aufgaben als Hausfrau und Mutter zu erledigen. Auf der anderen Seite wird sie zum gefragten Star und ist gern gesehener Gast in diversen Talk-Shows. Die neue Popularität ruft aber auch verrückte Wissenschaftler auf den Plan, die Pat kidnappen, um sie für ihre Zwecke zu missbrauchen.

Vergessen war gestern, wir sprechen darüber!

In der folgenden Kritik beschäftige ich mich mit der US-amerikanischen Science-Fiction-Komödie "DIE UNGLAUBLICHE GESCHICHTE DER MRS. K" (Original: The Incredible Shrinking Woman) von 1981. Regie führte Joel Schumacher, das Drehbuch schrieb Jane Wagner basierend auf dem gleichnamigen Roman von Richard Matheson. Der Film ist ein Remake von "Die Unglaubliche Geschichte des Mister C" aus dem Jahr 1957.

Die allseits beliebte Hausfrau und Mutter Pat Kramer - kurz Mrs. K - ist tagtäglich verschiedenen Chemikalien

dige Wissenschaftler möchten aus der Misere der Mrs. K Profit schlagen und entführen die kleine Frau mit dem Ziel, die Weltherrschaft an sich zu reißen.

"Die Unglaubliche Geschichte der Mrs. K" ist ein sehr frühes Werk von Joel Schumacher, zeigt aber schon sehr deutlich, wieviel Potenzial und Ideenreichtum in diesem Mann steckte. Zu seinen weiteren Werken zählen Filme wie "The Lost Boys" von 1987, "Falling Down - Ein ganz normaler Tag" von 1993 und nicht zu vergessen "Batman Forever" aus dem Jahr 1995. Für die Rolle der Mrs. K wurde die amerikanische Schauspielerin Lily Tomlin en-

ausgesetzt. Ihr Gatte, ein erfolgreicher Werbefachmann, bringt Produkte ins Eigenheim, um sie zu testen und zu promoten. Doch durch den ständigen Kontakt zu eben diesen Produkten beginnt Pat zu schrumpfen. Das sorgt nicht nur in ihrer Familie für Unruhe, auch die Nachbarschaft leidet mit. Fin-

gagiert. Sie spielte 1984 an der Seite von Steve Martin in "Solo für Zwei" und in "Die Beverly Hillbillies sind los" von 1993 mit. Zu ihrer weiteren Laufbahn als Schauspielerin kommen noch diverse Film-Auftritte und kleinere Rollen in TV - Serien dazu. Schon in den 1980er Jahren gab es einen großen Konsumwahn in unserer Gesellschaft. Irgendwie gab es für alles ein Mittel oder Produkt, der Erfindungsreichtum war auf einem Hochpunkt. Zwar wird dieser Konsumwahn im Film angedeutet, verliert aber im späteren Verlauf seine Bedeutung. Die Darstellung einer überforderten Mutter mit mehreren Kindern, die sich darüber freut, wenn Konsumgüter einem das Leben erleichtern, wird vortrefflich in Szene gesetzt und ist ein noch immer aktuelles Thema – quasi ein zeitloses Unterfangen.

Die Rolle der gestressten Mutter wird von Lily Tomlin sehr überzeugend dargeboten. Durch Einsatz von Körpersprache und Mimik bekommt ihre Rolle einen Echtheitsgrad, in dem sich sicherlich manche Mütter und Ehefrauen wiederfinden. Alle anderen Darsteller agieren ihren Rollen entsprechend sehr authentisch und fallen nicht negativ auf.

und kameratechnisch eingefangen. Sei es ein überdimensionaler Einkaufswagen oder auch ein Bleistift, um nur ein paar Dinge aufzuführen. Was nicht nachgebaut werden konnte, wurde mit einfachen Tricks gedreht. Die kleine Frau wurde kurzerhand in ein anderes Bild hineinkopiert.

Für kleine Produktionen stand nur begrenztes Budget zur Umsetzung zur Verfügung. Dadurch waren manche Dinge schwer realisierbar und bedurften einfacher Mittel, die auch schon vor knapp 30 Jahren zum Einsatz kamen. Bei dieser amüsanten Komödie reichen diese Spielereien jedenfalls vollkommen aus und wissen dem Zuschauer zu gefallen. Im späteren Verlauf taucht auch noch ein Gorilla auf, der von einem Schauspieler im Kostüm dargestellt wurde, was dem Tier menschliche Züge und Verhaltensmuster angedeihen ließ.

Was man dem Film auf jeden Fall hoch anrechnen kann sind die Sets. Die Kulissen wurden aufwendig - dem damaligen Entstehungsjahr entsprechend - gebaut

Diese Entscheidung war wohl auf das geringe Budget zurückzuführen. Dazu sparte man Zeit und minimierte das Risiko eines Zwischenfalls am Set.

Vergessen war gestern, wir sprechen darüber!

"Die Unglaubliche Geschichte der Mrs. K" orientiert sich recht nah am Original aus dem Jahr 1957. Zwar weist er ein paar Längen auf - die Einführungszeit in die Familie Kramer nimmt recht viel Zeit in Anspruch -, was dem Film etwas an Spannung und Unterhaltungswert nimmt, was aber im weiteren Verlauf der Handlung wieder wettgemacht wird. Auf manche Zuseher mögen der Film und sein Humor etwas angestaubt wirken. Man sollte aber nicht vergessen, dass dieser Film bereits 30 Jahre auf dem Buckel hat. Alles in allem ist der Streifen eine unterhaltsame Komödie für Groß und Klein. Die Thematik des Konsumwahns ist wie gesagt immer noch aktuell und sollte nicht in Vergessenheit geraten. Somit kann man dem Film ein gewisses Maß an Zeitlosigkeit zusprechen. Wer sich also ein wenig in seine Kindheit zurückversetzen lassen möchte, sollte sich die DVD nach Hause holen. Mit einer Freigabe von 12 Jahren ist „Die Unglaubliche Geschichte der Mrs. K" ein familientauglicher Film.

Vergessen war gestern, wir sprechen darüber!

The **LEGEND** of Billie Jean

Zeit der Vergeltung

Vergessen war gestern, wir sprechen darüber!

Billie Jean hat Hubie abblitzen lassen dafür rächt er sich an dem Motorroller von Billie Jeans Bruder.
Billie Jean macht sich auf dem Weg zu Hubies Vater um den entstandenen Schaden ersetzten zu lassen. Doch der will Sie vergewaltigen. Billies Bruder kommt zum rechten moment und kann schlimmeres durch eine vorgehaltene Waffe verhindern. Ein Schuß löst sich und trifft Hubies Vater lebensgefährlich. Die Polizei glaubt Billie Jean die Sache mit der Vergewaltigung und dem Unfall nicht und sind nun Ihr und Ihrem Bruder auf den Fersen...

STEFAN

Ein feinfühliges und optisch reizvolles Drama präsentiert uns Regisseur Matthew Robbins mit dem Werk ZEIT DER VERGELTUNG (OT: THE LEGEND OF BILLIE JEAN). Der Film stammt aus dem Jahr 1985 und ist nicht nur optisch ein Leckerbissen. Selbst Zuseher, die nicht sonderlich viel mit einem Drama anfangen können, kommen hier voll auf ihre Kosten und werden von der Story gefesselt. Zu den weiteren Arbeiten von Robbins zählen bekannte Filme wie DAS WUNDER IN DER 8TEN STRASSE von 1987 oder auch BINGO - KUCK MAL WER DA BELLT von 1991. Sein Erstlingswerk war der Streifen CALIFORNIA HIGHWAY im Jahr 1978 mit Mark Hamill aka Luke Skywalker in der Hauptrolle.

ZEIT DER VERGELTUNG ist eine Mischung aus Drama und Road-Movie mit ein paar Krimi-Elementen. Gekonnt vermischte der Regisseur die verschiedenen Genres und zauberte einen unterhaltsamen Film auf die Leinwand. Auch vor der Kamera tauchen viele bekannte Gesichter und Namen auf. Allen voran die junge Helen Slater, die im Film sehr oft leicht bekleidet durchs Bild streift. Zuvor konnte man sie schon in SUPERGIRL aus dem Jahr 1984 bewundern. Später folgten

noch Filmproduktionen wie DIE UNGLAUBLICHE ENTFÜHRUNG DER VERRÜCKTEN MRS. STONE (1986), HAPPY TOGETHER (1989) und auch DAS GEHEIMNIS MEINES ERFOL-

GES (1987) an der Seite von Michael J. Fox. Nicht zu vergessen seit auch ihre Rolle als Bonnie Rayburn im Film CITY SLICKERS aus dem Jahr 1991. In einer weiteren Rolle taucht auch Christian Slater auf. Dieser drehte dutzende Filme und war in den 80er und 90er

Jahren ein sehr gefragtes Gesicht vor der Kamera. Zu seinen bekanntesten Werken zählen wohl die Filme INTERVIEW MIT EINEM VAMPIR (1994) mit Tom Cruise und KUFFS - EIN KERL ZUM SCHIESSEN (1991).

ZEIT DER VERGELTUNG handelt von einem jungen Mädchen, das für Gerechtigkeit und gegen Vorurteile gegen Menschen hinsichtlich ihres Heimatortes kämpft. Nur weil manche im Leben weniger Glück hatten, sind es noch lange keine schlechteren Menschen. Ein Verehrer, den sie eiskalt abblitzen lässt, rächt sich an dem Roller ihres jüngeren Bruders. Jean kämpft darum, das Geld für die teure Reparatur vom Vater ihres Stalkers zu bekommen, doch der hat ganz andere Beweggründe ihr Geld zu geben.

Durch den Eingriff ihres Bruders mit einer Waffe und einem versehentlichen Schuss, geraten beide unter Verdacht, andere Gründe gehabt zu haben. Sie begeben sich mit zwei Freunden auf die Flucht und werden von der Polizei gejagt. Doch die Medien halten zu den jungen Kids und unterstützen sie bei Ihrem Versuch zu entkommen. Eine heiße und wilde Verfolgungsjagd beginnt.

Der Zuschauer nimmt hier an zwei Geschichten teil. Zum einen begleitet er die jungen Kids auf ihrer Flucht und erlebt mit, wie sie die Tricks der Polizei durchschauen. So sind sie den Cops meist einen Schritt voraus. Zum anderen nimmt er an den Ideen und Durchführungen der Polizei teil, die jungen Flüchtigen zu stoppen.

Aber auch die Veränderungen auf beiden Seiten, die sich durch optische Anpassungen und auch Gedankengänge darstellen, sind ein fester Bestandteil.

VHS
NEVER FORGET

Jean verändert ihr Aussehen sehr. Sie mutiert zu einer Rebellin, die von den Medien gefeiert wird. Aber auch die Sichtweise der Polizei, die vorerst an die Schuld des Mädchens glaubt, wird im späteren Verlauf des Films in ein ganz anderes Licht gerückt. Verwöhnt wird man noch mit typisch optischen Reizen der 80s. Nicht nur Mode und Frisuren, auch der Drang zu weni-

gen Kleidungsstücken ist typisch für diese Zeit und somit bekommt man die Hauptdarstellerin Helen Slater oft in knappen Outfits zu Gesicht. Dazu dürfte an den Handlungsorten zumeist Nippel-Wetter geherrscht haben. Musikalisch punktet der Film ebenfalls auf ganzer Linie und weiß dem Zuschauer zu gefallen. Man wird quasi auf einen Trip zurück in die 1980er entführt.

Die Story von ZEIT DER VERGEL-TUNG ist spannend und klar strukturiert. Die Geschichte schweift nicht durch sinnfreie Nebenplots vom Hauptstrang ab. Das Wechselspiel der verschiedenen Genres ist stimmig, sie gehen ohne abrupte Wechsel ineinander über und lassen den Film flüssig in einem gesunden Tempo ablaufen.

Leider gibt es einen Wermutstropfen: Bislang ist ZEIT DER VERGELTUNG in Deutschland ein ONLY VHS Kandidat. Lediglich im Ausland ist er bereits auf Blu-ray und DVD erschienen, jedoch ohne deutsche Tonspur. Die VHS ist vom Label RCA Columbia in zwei verschiedenen Versionen erschienen und vertrieben worden.

JOHNNY

Blutiger Freitag

Dem Gewaltverbrecher Heinz Klett (Raimund Harmstorf) gelingt es mit Hilfe seiner zwei Komplizen Luigi und Stevo aus dem Justizpalast auszubrechen. Stevo wird dabei allerdings verhaftet. Die beiden übrigen planen weiter für den schon seit einiger Zeit beabsichtigten Banküberfall, bei dem auch Luigis schwangere Freundin Heidi helfen soll. Ihr desertierter Bruder Christian, der gerade aus einer Bundeswehrkaserne geflohen ist, stösst eher aus Zufall zur Gruppe und soll den noch immer inhaftierten Stevo ersetzen.

In Rolf Olsen's Streifen BLUTIGER FREITAG wird der Auslöser partieller Anarchie, der Überfall in der Prinzregentenstrasse der bayrischen Hauptstadt, explizit als Vorbild genannt, was ein innerdeutsches Novum, und Alleinstellungsmerkmal cineastischer Real-Adaption durch künstlerische Überzeichnung, im Nischensegment zur Folge hatte, nämlich den hier rezensierten Film.

Es ist, aus heutiger Sicht, schon mehr als verwunderlich, welch' mutige und kontroverse Filmkunst im Deutschland der 1970er Jahre einmal möglich war.

In BLUTIGER FREITAG wird sich hemmungslos vor'm vorzeigeeuropäischen 70er-Gossenkino Italiens verneigt, dem Exploitation-Subgenre „Poliziotteschi".

Rolf Olsen verbindet ungezwungen, frei und frech, sowie ohne Angst vor moralingesäuerten, erzkonservativen Kritikerschelten, zugrundeliegende & o.a. wahre Begebenheiten mit gnadenloser Gesellschafts,- Sozial,- System,- und Zeitgeistkritik.

Dieser, im Endresultat, harte und brutale Actionreisser im psychotischen Heist-Gewand wird schonungslos und in seinen gewalttätigen Schauwerten explizit und schnörkellos vorgetragen, verliert dabei ideologisch aber nie den „irdischen" Bezug zur tatsächlich vorangegangenen Realität und fungiert dabei, in seiner cineastisch-anarchistischen Grundhaltung, als rebellischer und kontragebürsteter Zerrspiegel für die sich rasant verändernde Bundesrepublik Deutschland, zwischen gar nicht mehr so fernen Vietnam'schen Antikriegsprotesten, hippie'esken Studentenunruhen und dem als ultimativer, „linker Freiheitsplan" maskierten, mörderischen „Damoklés-Gespenst" ROTE-ARMEE-FRAKTION (RAF).

Vergessen war gestern, wir sprechen darüber!

Kaum in der Bank angekommen beginnt der Überfall aus dem Ruder zu laufen. Klett macht schnell klar, dass er sich bei seinem Plan durch nichts und niemanden aus der Fassung bringen lässt. Als er bemerkt, dass eine der Geiseln (Gila von Weitershausen) die Tochter des reichen Kaufhaus-Chefs Lotzmann (Walter Buschhoff) ist, ändert er seine Pläne und aus dem Überfall wird eine Lösegeld-Erpressung. Die Münchener

jedoch konkurrenzlos die manisch-obzessive, stets auf der Rasierklinge des Overacting balancierende, Darbietung von "Obermachismo" Raimund Harmstorf, dem die Rolle des narzistisch-charismatischen Vorzeigegangsters geradezu auf den muskulösen Leib geschneidert wurde. Wenn sich das diabolische Grinsen mit dem omnipräsenten Zigarillo im Mundwinkel breit macht, der stechen-

Polizei will die Bande natürlich nicht einfach so entkommen lassen...

Olsen beweist ausserordentliches Geschick bei der Auswahl des zu einhundert Prozent homogenen Casts, dessen gesamtes Ensemble den "Revoluzzer-Geist" des Flicks atmet, gar gierig aufsaugt und dadurch gänzlich am Limit spielt.
Dreh,- & Angelpunkt bildet dabei

de Blick schlitzig funkelt, die viel zu enge schwarze Lederhose das "wildtierische" Gemächt im zum Bersten spannenden Schritt mühsam bändigt, und knackige OneLiner am Fliessband aus der schnodderigen Schnauze sprudeln, ist dies bereits die halbe Miete in DEM deutschen Exploitationer.

"Kein Mucks, oder ich knall dich auf dem Scheißhaus zusammen, du Drecksack!"

Vergessen war gestern, wir sprechen darüber!

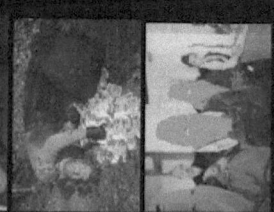

Herstellungsland:
Deutschland, Italien (1972)
Standard-Freigabe: FSK 16
Genre: Action, Drama
Alternativtitel: Freies Geleit
oder die Geiseln sterben

VHS NEVER FORGET

Vergessen war gestern, wir sprechen darüber!

Die restlich-hauptsächliche Schauspielerriege auf Verbrecherseite schmiegt sich gekonnt und sinnbehaftet konträr an den Platzhirsch, die zeitweise bedauernswerte Mischpoke der „Geisel,-& Bullenmimen" wirkt dagegen, auf hohem Niveau kritisierend, schon fast blass, wobei hier Ernst H. Hilbich als bemitleidenswerter „All-Time-Looser" mit fatal irrsichtiger „Lebenschance" und dramaturgischem „Zünglein an der Waage" auffällig positiv hervorsticht.

Hinzu kommen, quasi als Schmankerl, fast dokumentarisch und nüchtern vorgetragene Interviews der Reporter mit diversen Schaulustigen (Laiendarsteller und amateurhafte Statisten!), wo plötzlich eine Debatte über Pro & Contra zur Todesstrafe entbrennt, bewusst als Kontrast zur ansonsten permanenten vulgären wie rein physischen Gewalt genial eingestreut. Diese Sequenz untermauert noch einmal eindrucksvoll die vielfach kritische Haltung des Filmes, mit fast schon pädagogisch-interpretativem Mehrwert.

[Randbemerkung: Im wahren Leben war den kontra-charismatischen Gangsterdarstellern mit verquerem Kultpotential großanteilig ein langes, glückliches Leben nicht gegönnt:

Raimund Harmstorf wählte mit 59 Lenzen den Freitod durch Erhängen.

Amadeus August starb mit 50 Jahren an AIDS.

Christine Böhm verunfallte mit zarten 25 tödlich beim wandern.]

Handwerklich ist BLUTIGER FREITAG allererste Sahne, wenn sogar auf den ersten Blick eher dilettantische Schnitte zum Gesamtkonzept des „Independent Flicks" kongenial beitragen und mit „Kunstblut,-& Gedärm" keineswegs gespart wird. Hinzu kommen geradezu avantgardistische Sequenzen, wie die surreal vorgetragene Vergewaltigungs-Langszene, mit als krampfanfallartig-eingestreuten Stroboskop-Schnitten von Lesbenporno,- & Schlachthof-Niancen. Inszenatorischer Wahnsinn, absolut bemerkenswert, auch in diesem Genre!

Die teils spektakulären Stunts sind, für damalige, eher mässigere Standarts, ein Augenschmaus, immer mit dem Habitus der übertriebenen Groteske zu werten, was sich auf alle Bereiche des Filmes bezieht, zumal, wenn man bedenkt, dass dieser Crime-Actioner zu 95 % stringent-turbulent, extrem bedrohlich und spannend, sowie quasi ohne nennenswerte Längen inszeniert wurde. Selbst das Totschlagargument „Style-Over-Substance" zieht mitnichten, da Regisseur Olsen den Zuschauer so nah an eine Vielzahl von Charakteren heranlässt, dass deren permanente Authentizität die gesamte Storyline alleine tragen, ohne den Plot zu verkopft wirken zu lassen.

Der Score von Francesco de Masi, mit dem funkig-fluffigen Eröffnungsstück, ist passend wie „Raimund's-Faust-auf's-Auge" gewählt und absolut szenengerecht verwendet.

Freigabe:	FSK 16
Fassung indiziert?	Nein
Laufzeit:	101:39 Min.

Regionalcode:	RC ABC
Blu-ray Disc-Format:	DL (double-layer) (50 GB)
Verpackung:	Blu-ray Case (Amaray)

| Bildformat: | 1,66:1 (1080p) |

Tonformat: Deutsch (DTS-HD Master Audio 2.0 Mono)
Deutsch (DTS-HD Master Audio 2.0 Mono)
Englisch (DTS-HD Master Audio 2.0 Mono)
Französisch (DTS-HD Master Audio 2.0 Mono)
Audiokommentar (Dolby Digital 2.0 Stereo)
Audiokommentar (Dolby Digital 2.0 Stereo)

Untertitel: Deutsch, Englisch
Audiokommentar

Extras:
Audiokommentar von Christian Kessler und Pelle Felsch
Audiokommentar von Daniela Giordano und Giacomo Di Nicolò [italienisch]
Umfangreiche Dokumentation „Ein kalter Tag" zur Entstehung des Films von Sadi Kantürk, 2017 (112:42 Min.)
„Angepeilt" - Locationtour (9:37 Min.)
„Die Klett-Retter" [deutsch/englisch] (je 2:12 Min.)
Die Restauration (13:29 Min.)
Kinotrailer:
Deutscher Kinotrailer (3:31 Min.)
Englischer Kinotrailer (3:31 Min.)
Französischer Kinotrailer (3:35 Min.)
Bildergalerie (76 Bilder)
Alternative Anfangs -und Endtitel englisch (5:04 Min.)
Alternative Anfangs- und Endtitel französisch, kein Ton (3:27 Min.)
Anfang und Ende ohne Einblendungen, kein Ton (3:31 Min.)
Hinweise zu der Fassung (Texttafel, 2:14 Min.)
Ufa-Beitrag vom August 1971 (3:45 Min.)*
Begrüßung von Daniela Giordano (1:18 Min.)*
Spendenaufruf zur Kamagne von Gianni Macchia (0:37 Min.)*
Napoleon Bonaparte-Zitat (0:17 Min.)*
EDV Trailershow [Mädchen, Mädchen / Die Brut des Bösen / Abwärts / Die Spalte] (11:44 Min.)
Alle Extras mit optionalen deutschen und englischen Untertiteln und in HD-Qualität.

Vergessen war gestern, wir sprechen darüber!

BLUTIGER FREITAG ist dreckiges, schnelles, blutiges, provokantes Bahnhofs-Schmuddelkino mit Botschaft und „Leck-mich-am-Arsch"-Esprit, wie es sicherlich heutzutage nicht mehr möglich wäre, und von daher ein Retro-Juwel par excellance, nicht nur für Kenner und Liebhaber dieser 70er-Nischenkunst empfehlenswert, da der Streifen nah am Puls der referentiellen Ära Deutschlands fungiert, ohne je den ungehemmten Spass an frivoler Überzeichnung zu verlieren.

Vergessen war gestern, wir sprechen darüber!

Komödie

MARKUS

MAD MISSION

MAD MISSION – Eine Pentalogie mit vier Teilen

In einem Hong Konger Hochhaus treffen sich im xten Stock mehrere dubiose Typen. Zwei Koffer liegen auf dem Tisch. Einer ist voller Diamanten, aus dem anderen quellen Dollarnoten. Die Herrschaften wollen ein lukratives Geschäft abschließen, ahnen jedoch nicht, dass sie von einem Meisterdieb beobachtet werden. King Kong (Sam Hui) – der in der deutschen Synchro schlicht Sam heißt - plant die Diamanten und das Geld zu stehlen. Mittels halsbrecherischer Harpunen-Drahtseil-Flying Fox-Akrobatik kracht Sam durch das Fenster und schafft es tatsächlich zumindest den Diamantenkoffer zu klauen. Im Handgemenge verliert er jedoch einen weißen Handschuh, der für eine folgenschwere Verwechslung sorgt. Während der weltbekannte Dieb "Weißer Handschuh" seinen "Nachahmer" zur Strecke und die Diamanten seinem "Paten" zurückbringen will, landet der New Yorker Polizist Albert Au (Karl Maka) – auf deutsch Kodijack – in Hong Kong, um den Diebstahl der Edelsteine ebenfalls aufzuklären. Nachdem "Kody" mehrmals recht deutlich zeigt, wie unfähig er in Wirklichkeit ist, rauft er sich mit Sam und der hantigen Polizistin Nancy Ho (Sylvia Chang) – bei uns Ha-Tung genannt – zusammen und löst den Fall am Ende doch noch. Also zumindest irgendwie. Am Ende kriegt Kodijack nicht nur die bösen Jungs, er und Sam werden Freunde und Ha-Tung verliebt sich auch noch aus unerklärlichen Gründen in ihn.

Vergessen war gestern, wir sprechen darüber!

FREUNDE UND GESCHÄFTS-PARTNER

MAD MISSION war ein Herzensprojekt von Hauptdarsteller Karl Maka, seinem Freund Sam Hui und Drehbuchautor Raymond Wong. Als große Fans von James Bond, den Pink Panther-Filmen und der Serie "Kobra, übernehmen Sie" machten Sie es sich zum Ziel, eine liebevolle Hommage auf diese Dinge zu erschaffen. Aus meiner persönlichen Sicht schaffen Sie das am Besten in Teil 3 "Our Man from Bond Street".

alle MAD MISSION-Filmen und Wong verfasste die Drehbücher für Teil 1 bis 3. Die Firma war neben MAD MISSION auch für einige andere Kracher des Hong Kong-Actionkinos verantwortlich. So produzierte man unter anderem auch die ON FIRE-Reihe, BORN HERO 2 und UNDECLARED WAR. Auch der erste Film von Ringo Lam namens ESPRIT D'AMOUR wurde von "Cinema City & Films" produziert. Neben den beiden Superhelden Sam Hui und Karl Maka zeigten auch noch andere bekannte Namen des Hong Kong-Kinos bei MAD

Und das nicht zuletzt dank der Gastauftritte von Peter Graves und "Beißer" Richard Kiel, der in alter Bond-Manier inklusive Metallzähnen, unseren Helden das Leben schwer macht. Aber auch sonst strotzen die Mad Mission-Filme nur so vor Anspielungen und Parodien auf Altbekanntes und Beliebtes. Karl Maka, der in allen Filmen die Rolle des Kodijack übernahm, gründete 1973 gemeinsam mit Raymond Wong und Dean Shek (er spielte Charlie in Teil 1) die Produktionsfirma "Cinema City & Films". Als Produzent funierte Maka bei

MISSION, vor und hinter der Kamera was sie drauf haben. Mit dabei waren unter anderem Eric Tsang, Tsui Hark, Leslie Cheung und Ringo Lam. Sam Hui (71) beendete 1993 seine Schauspielkarriere, ist aber weiterhin als Sänger erfolgreich. Karl Maka (76) zog sich im Jahr 2000 ebenfalls aus dem Filmbusiness zurück. 2016 machte er auf Bitten seines Freunde Sammo Hung eine Ausnahme und übernahm eine Gastrolle in dessen Film THE BODYGUARD.

Vergessen war gestern, wir sprechen darüber!

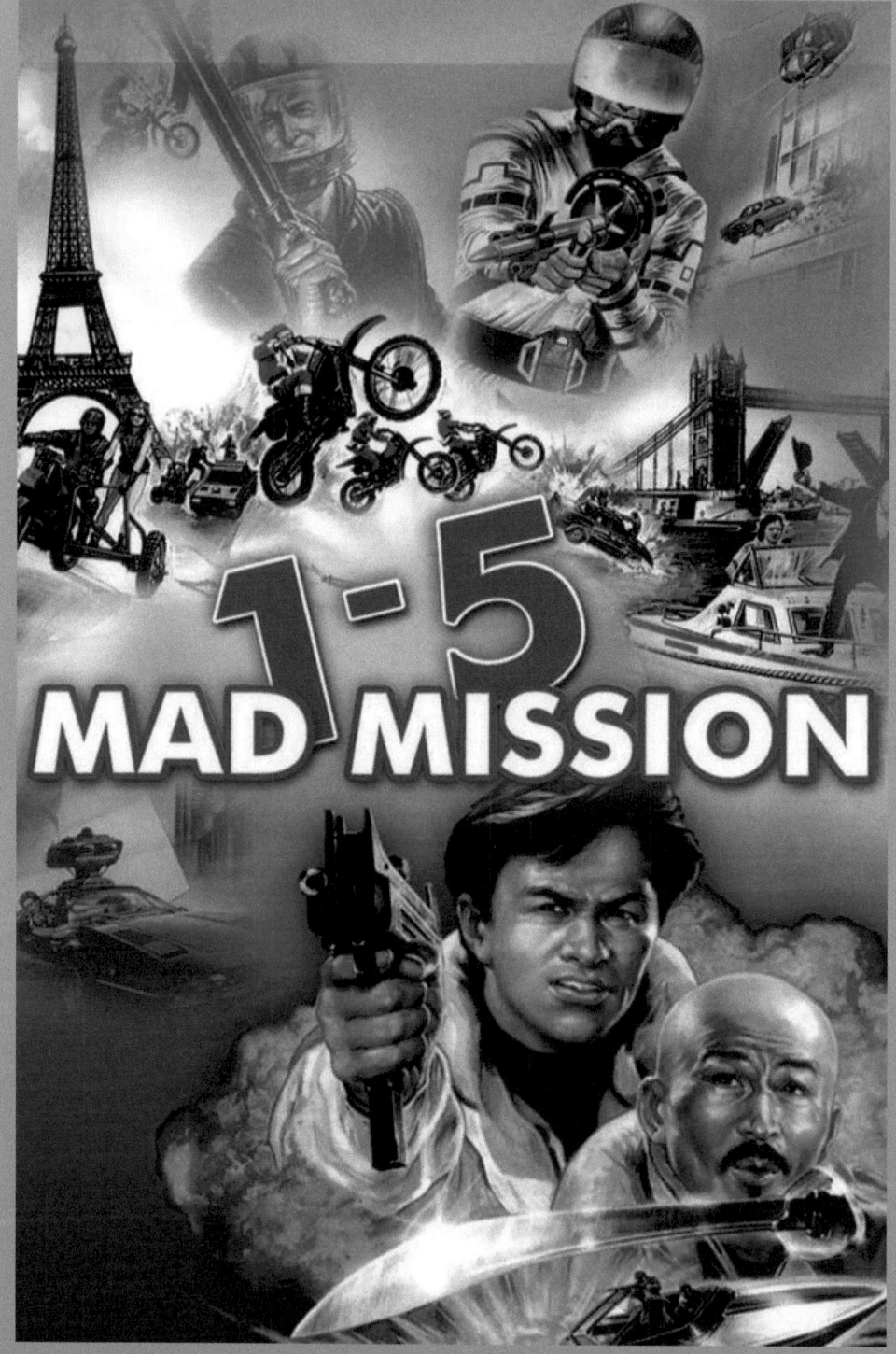

Vergessen war gestern, wir sprechen darüber!

SCHNODDERSYNCHRO UND ACTION PUR

Der große internationale Erfolg der MAD MISSION-Reihe hat mehrere Gründe. Zum einen war die gezeigte Action für die damalige Zeit wegweisend. Was hier teilweise an Stunts gezeigt wurde, kannte man aus europäischen Filmen Anfang der 1980er so nicht. Verfolgungsjagden auf City Bikes, ein Sprung mit dem Motocross Bike von einer Brücke auf fahrende Autobusse oder eine Flucht aus einem Hochhaus per Fenstersturz in ein Wasserbecken, das auf einem sich bewegenden Lastwagen stand. Was James Bond kann, das konnte Sam Hui schon lange und teilweise deutlich überzeugender als 007. Ganz im Stile seines Freundes und Vorbilds Jackie Chan, verband Hui in seinen Filmen gerne Humor mit waghalsiger Akrobatik und blitzschneller Kampfkunst. Ein weiterer wichtiger Faktor der Filme ist der Klamauk.

Hier war vor allem Karl Maka federführend, der sich schon bei Teil 1 dafür einsetzte, die Actionszenen mit den lustigen Passagen gleichzustellen. Der europäische Verleih machte "Kody" hier allerdings einen Strich durch die Rechnung, als man die Komik zugunsten der Action teilweise stark zusammenkürzte. Der deutschsprachige Markt durfte dennoch herzlich über das ungleiche Duo lachen. Zu danken haben wir dafür dem seligen Arne Elsholtz und Thomas Danneberg. Die beiden Synchronhelden verliehen Sam und Kodijack nicht nur ihre unverwechselbaren Stimmen, sie legten ihnen auch noch – dank einer großartigen Synchronregie – ein Schnoddersprech in den Mund, das wir seit Bud Spencer und Terence Hill so sehr lieben. Hier sei dem Fan die Mediabook-Kollektion von AST-RO ans Herz gelegt, bei der man neben einigen interessanten Hintergrundinfos im Buch, auch noch jeden einzelnen Teil ungeschnitten serviert bekommt.

Vergessen war gestern, wir sprechen darüber!

Vergessen war gestern, wir sprechen darüber!

DER BERÜCHTIGTE FÜNFTE FILM

Leider kann ich meinen Artikel nicht mit dieser Lobeshymne beenden, denn wie die Headline schon andeutet, besteht diese tolle Erinnerung aus den 80ern aus mehr als vier Teilen. Ich ärgere mich immer maßlos, wenn Filmfans ihren Lieblingsserien einen (oder mehrere) ungeliebten Teil absprechen. "Indiana Jones endet nach Teil 3!" oder "Es gibt mehr als drei Stirb Langsam-Filme? Für mich nicht!" hat wohl jeder von uns schon mal gehört oder gelesen. Gerne gehe ich dann in den Diskurs und argumentiere mit verschiedenen Geschmäckern und dergleichen. Aber dann läuft mir plötzlich wieder MAD MISSION V über den Weg und ich muss gestehen, dass es mir mit diesem Film genauso geht. Ich hasse ihn. Aus ganzem Herzen. Vermutlich ist der Film objektiv betrachtet, als reiner HK-Actionmovie gar nicht mal schlecht, aber trotzdem... ich hasse ihn. Und das liegt wohl in erster Linie an der grottenschlechten deutschen Synchro. Was zum Geier ist dem Verleih hier bloß eingefallen? Neue Stimmen, andere Namen (!) und die wenigen Witze, die es noch gibt, gehen niveautechnisch mit einem Zylinder unter dem Teppich spazieren. Schon bei Teil 4 war über weite Strecken die Luft draußen, aber man konnte sich als Fan dennoch über den einen oder anderen Kalauer und Wortverdrehe von Kodijack freuen. Außerdem war das Ende fast schon ein wenig rührend. Der Film wäre jedenfalls ein halbwegs würdiger Abschluss gewesen. Was den Produzenten und dem Synchronstudio bei MAD MISSION V eingefallen ist, wage ich nicht einmal zu erahnen. Und genau deshalb ist MAD MISSION in meiner Welt zwar eine Pentalogie, hat aber trotzdem nur vier Teile, über die es sich zu reden lohnt. Also solltet ihr die Filme noch nicht kennen, dann flugs besorgt und angeschaut. Freut euch auf Carlos Glatzos, Nix Haarinski und den kleinen Dackelmann. Ich wünsche euch jedenfalls viel Spaß und gute Unterhaltung mit MAD MISSION.

Vergessen war gestern, wir sprechen darüber!

ACTION

STEFAN

ONLY VHS

VHS
Bestell-Nr.
7507

DAVID JANSSEN IN

EIN ATEMBERAUBENDER ACTION-THRILLER

DUELL DER HELIKOPTER

DUELL DER HELIKOPTER

Harry Walker, ein ehemaliger Militär-
flieger wird zufällig Zeuge eines
bewaffneten Überfalls auf einen ge-
panzerten Geldtransporter. Die drei
bewaffneten Gangster erschießen die
Wachen und nehmen eine junge Frau als Geisel. Harry nimmt mit seinem Hubschrauber die Verfolgung auf. Die Verbrecher – gejagt von zwei Polizeiwagen –
erreichen ihr Versteck, wo auch auf sie ein Hubschrauber wartet. Nach heftigem
Feuergefecht, bei dem ein Polizist erschossen wird, entkommen sie durch die
Luft. Nur Harry bleibt ihnen mit seinem Hubschrauber auf den Fersen. Auch als
ihm die Gegner 25.000 Dollar von ihrer Beute anbieten, denkt er seine gnaden-
lose Verfolgungsjagd abbricht, setzt er seine Jagd fort. Jetzt eröffnen die Geisel-
nehmer das Feuer. Auf einem alten Militärflugplatz kommt es zum letzten Duell
auf Leben und Tod. Richard-Kimble-Dar-
den Helikopter aufeinander los ... Richard-Kimble-Dar-
steller David Janssen, atemberaubende Flugszenen und
packende Stunts machen diesen spannenden Action-Film
zu einem der besten Vertreter seines Genres.

Ein Film von William A. Graham
Mit David Janssen, Ralph Meeker u. a. – 89 Min.

UNCUT
ungeschnitten

Harry Walker, ein ehemaliger
Militärpilot der jetzt für eine
Radiostation Hubschrauber flieg
wird zufällig Zeuge eines Überfalls bei dem die Gangster einer
Wachmann erschießen und eine
junge Frau als Geisel nehmen.
Harry verfolgt die Gangster aus
der Luft, und als die Räuber ihrer
Hubschrauber erreichen, beginn
eine spannende Verbrecherjagd
per Hubschrauber.

Bei Fernseh-Produktionen spalten
sich die Meinungen. Es gibt einige
gute Werke, - vor allem auch welche - die es noch nicht mal auf VHS
gibt. Und es gibt Filme, die es nicht
der Rede wert sind, sie sich anzu-
schauen. Bei DUELL DER HELI-
KOPTER aus dem Jahr 1973 sieht
es ganz anders aus. Man merkt
dem Film seine Herkunft nicht an.
Der Film ist bisher nur auf VHS zu
bekommen, die aber leider schon
recht selten geworden ist.

Die Story ist simpel gestrickt und
geht gradlinig ihren Weg. Keine
Abzweigungen und Irreführungen
sind zu erkennen, was den Span-
nungs- und Unterhaltungsbogen auf
einer konstanten Ebene hält. Regie
übernahm William A. Graham,
ein beliebter TV-Regisseur, der in
einigen anderen Produktionen sein
Können bewies. So unter anderem
bei den Serien FBI und BATMAN
oder POLICE STORY - IMMER IM

EINSATZ. Einige Jahre nach DU-
ELL DER HELIKOPTER drehte er
noch einen Hubschrauber-Actioner
mit dem Titel TREIBJAGD IN DEN
WOLKEN. Diesmal mit Larry Hag-
man, bekannt als J.R. Ewing aus
der TV-Serie DALLAS. Zu seinen
bekanntesten Werken zählt zweifellos AUF DER FLUCHT aus den
60er Jahren.

Da wären wir auch schon beim
Hauptdarsteller, David Janssen. In
DUELL DER HELIKOPTER mimt er
den Hubschrauber-Piloten

WALKER. Ein ehemaliger Kriegspilot einer P-51 Mustang, arbeitet jetzt als Verkehrshubschrauber-Pilot und gibt Staumeldungen per Funk an die Radiohörer weiter. Er arbeitete schon Jahre zuvor mit Regisseur Graham zusammen, mimte in den 1960er Jahren den Dr. Kimble, der ja bekanntlich auf der Flucht war. Janssen fing schon Mitte der 40er Jahre an, als Schauspieler zu arbeiten. Seinen letzten Film drehte er 1981. Er verstarb mit nur 48 Jahren an einem Herzinfarkt.

DUELL DER HELIKOPTER ist rasant und bietet dem Zuschauer viele Verfolgungsjagden. Doch anstatt diese wie üblich auf den Straßen auszutragen, wechselte man in den Luftraum. In den 70er und 80er Jahren waren Filme mit Helikoptern und Flugzeugen bei den Zuschauern sehr beliebt und gefragt. Sie erfreuten sich hoher Einschaltquoten im TV und ließen in den Kinos die Kassen klingeln.

Der Film DUELL DER HELIKOPTER besticht durch eine satte und ordentliche Menge Action, die Flug-Szenen sind spektakulär und spannend in Szene gesetzt worden. Angesichts dessen, dass der Film schon über 40 Jahre auf dem Buckel hat, kann man nur sagen: Respekt! Keine Spezial-Effekte oder Miniatur-Bauten fanden hier ihren Einsatz. Von den damaligen Methoden und Mitteln könnten sich manch andere Produktionen mehr als nur eine Scheibe abschneiden. Das Tempo ist flott, lediglich im Mittelteil wird es etwas schnulzig und dramatisch. Zum Glück fängt sich der Streifen aber wieder, geht seinen geplanten Weg weiter und bietet dem Zuschauer nach einer kleinen Pause wieder Action pur.

DUELL DER HELIKOPTER ist etwas für Fans von Action in den Wolken. Wer AIRWOLF mochte, wird diesen Streifen verehren und zu schätzen wissen. Den Film gibt es bislang nur auf VHS und zwar einmal von ATLAS VIDEO und einmal von VMP. Beide Versionen sind ungekürzt. Mir lag eine TV-Aufnahme als Bemusterung vor, die von der Laufzeit mit den VHS-Versionen identisch ist. Leider wurde der Film schon seit Jahren nicht mehr im Free TV ausgestrahlt.

HORROR

Während einer Expedition wird die Frau eines Journalisten getötet, er selbst an der Schulter verletzt. Nach Hause zurückgekehrt, lebt er einige Zeit zurückgezogen, bis er sich bei seiner Schwester meldet. Plötzlich passieren in der Gegend bestialische Morde...

STEFAN

Bad Moon / Bad Moon (1996)

Die mystischen Dinge faszinieren den Menschen schon seit ewigen Zeiten. Dass dieses Interesse auch filmisch betrachtet nicht unbeachtet bleibt, versteht sich von selbst. Auch was das Thema Werwolf angeht, gab es in den vergangenen Jahrzehnten einige Vertreter dieser Thematik. Vorneweg natürlich die Klassiker THE HOWLING und AN AMERICAN WERWOLF IN LONDON, die beide sogenannte Wegbereiter im Fach waren. Andere Produktionen werden gerne und oft an den beiden gemessen und haben es recht schwer, sich zu behaupten.

Im Jahr 1996 wagte Regisseur Eric Red - der uns 1991 schon den Klassiker BODY PARTS servierte - an ein Skript für einen Werwolf-Streifen. Erfahrung mit mystischen Elementen sammelte er bereits 1987 als Produzent für NEAR DARK - DIE NACHT HAT IHREN PREIS. Die Story von BAD MOON ist simpel und funktioniert gerade deshalb so einwandfrei. Der Film kommt mit wenigen Schauspielern und Schauplätzen aus, jedoch wurden die minimalistischen Gegebenheiten sinnvoll eingesetzt und das Endprodukt kann sich durchaus sehen lassen. BAD MOON braucht sich hinter Klassikern nicht zu verstecken.

Das Tempo wird schon sehr früh straff angezogen und der Zuschauer befindet sich gleich mitten im Geschehen. Zwar bekommt man hin und wieder ein paar Klischees vorgesetzt - z.B. Sex im Zelt und das im Wald - doch diese klassischen Stereotype stören nicht sonderlich. Immerhin wird man mit einem gut strukturierten Spannungsaufbau entschädigt. Der Wechsel von ruhigen Passagen zu actionreichen Sequenzen wurde gekonnt in Szene gesetzt und lockert die Story sinnvoll auf.

Dafür, dass BAD MOON eine Freigabe von FSK 16 besitzt, fällt er recht brutal aus. Hin und wieder bekommt man recht blutige Szenen serviert, die das Geschehen in der Story verdeutlichen und verstärken. Was die Effekte angeht, so muss man die Spezialisten loben und ihnen Anerkennung aussprechen. Die Idee, den Werwolf weiterhin wie einen Menschen auf zwei Beinen laufen zu lassen, halte ich für sinnvoll, denn immerhin ist er ja auch eine Mischung aus Mensch und Tier. Des Weiteren sind die Nahaufnahmen vom Gesicht des Wolfes und dessen Zähne sehr detailreich und aufwendig umgesetzt worden. Lediglich bei der Verwandlungsszene muss man ein paar Abstriche hinnehmen, da sind Filme wie AN AMERICAN WERWOLF IN LONDON fast ungeschlagen.

Wer jetzt Interesse an BAD MOON bekommen hat, sollte im Besitz eines Videorekorders sein, denn leider hat WARNER HOME VIDEO ihn bis dato nur auf VHS veröffentlicht. Es kursieren diverse Auflagen auf DVD, jedoch handelt es sich bei allen um illegale Veröffentlichungen. WARNER HOME VIDEO hat leider kaum Interesse ihre älteren Filme auf DVD und oder Bluray zu vertreiben. Schade eigentlich!

Vergessen war gestern, wir sprechen darüber!

Sabrina Siani

Das erste „Plot-Keyword" das auf der allseits beliebten imdb.com auftaucht, wenn man den Namen Sabrina Siani - die 1963 in Rom als Sabrina Seggiani geboren wurde - eingibt, ist „Female Nudity". Das ist weder in Anbetracht ihrer Filmlaufbahn noch im Hinblick auf die Tatsache, dass sie schon im Alter von 15 Jahren Erfahrungen als Foto-Modell machte besonders verwunderlich. Es dauerte danach auch nicht lange, bis die italienische Film-Industrie auf die zarte Blondine aufmerksam wurde.

1979 engagierten sie Alfonsio Brescia, Marino Girolami und Jess Franco für Krimis wie „Der Große Kampf des Syndikates" und Genre-Schinken ala „The Cannibals". Es folgten Sex-Komödien „Die letzten Heuler der Marine" und „Flotte Teens - Runter mit den Jeans", in denen Sabrina Variationen des halbnackten Blondchens spielen durfte. Bedenkt man, dass die junge Dame zu jener Zeit die Volljährigkeit noch nicht erreicht hatte, bleiben ihre zahlreichen freizügigen Auftritte... aber lassen wir das. Nach diversen Rollen als Strand-Mieze, Dschungel-Trulla und Endzeit-Ische kam 1982 eine darstellerische Herausforderung auf Siani zu. Die blonde Schönheit schlüpfte in die Fell-Gamaschen der Amazone Moon, die niemand geringerem die Stange hielt als ATOR - HERR DES FEUERS.

Sabrina Siani schien bei Fans und italienischen Genre-Regisseuren gleichermaßen Eindruck hinterlassen zu haben, denn in den folgenden Jahren war sie geradezu auf die Rolle der blonden Barbaren-Schnitte abonniert. Es folgten kurz hintereinander „Thrones of Fire", Fulci´s „Conquest" sowie die beiden grottenschlechten Sword & Sorcery-Streifen „Das Schwert des Barbaren" und „Gunan - König der Barbaren". Ende der 1980er Jahre absolvierte Siani zwar noch eine Nebenrolle in „Dämonia" und spielte an der Seite von Fred Williamson in „Cobra Negro", beendete jedoch im zarten Alter von 25 Jahren ihre Film-karriere. Sie heiratete und ward fortan von der Bildfläche verschwunden.

Film-Auswahl:

1980 - Mondo Cannibale 3
1982 - Ator - Herr des Feuers
1982 - Gunan - König der Barbaren
1982 - 2020 Texas Gladiators
1983 - Conquest
1983 - Das Schwert des Barbaren
1983 - The Throne of Fire

STEFAN

セクシー・ピンナップ

SABRINA SIANI

Vergessen war gestern, wir sprechen darüber!

PREMIERE
IM OKTOBER

STAR 80

MARIEL HEMINGWAY als Playmate des
Jahres 1980. Die authentische Geschichte einer
großen Karriere, die verhängnisvoll endet.
Best.-Nr.: 70013
FSK freigegeben ab 16 Jahren

SPUR DER GEWALT

Zwei Bullen räumen auf
Best.-Nr.: 99365 · FSK freigegeben ab 16 Jahren

EIN FILM VON BOB FOSSE "STAR 80" MIT MARIEL HEMINGWAY · ERIC ROBERTS · CLIFF ROBERTSON
CARROLL BAKER · ROGER REES · DAVID CLENNON

LINDA HUNT –
Die kleine Grand
Dame mit Pfiff

MARKUS

Sie ist mittlerweile 75 Jahre alt, sie misst gerade mal 145 Zentimeter in der Höhe, sie hat einen OSCAR gewonnen und ist eine der wenigen, die Arnold Schwarzenegger ins Gesicht gesagt hat, dass er sich gefälligst benehmen soll. Die Rede ist von Linda Hunt. Ab dieser Ausgabe von VIDEO FREAKS widmen wiruns ein wenig

denen, die unsere liebsten Filme und Serien aus den hinteren Reihen, so unverzichtbar und wundervoll machen – den Nebendarstellern. UndLinda Hunt ist eine, die genau weiß wie es sich anfühlt, wenn jeder einen kennt, man es aber trotzdem nie in die erste Reihe geschafft hat.

Geboren wurde Linda Hunt am 2. April 1945 in Morristown im amerikanischen Bundesstaat New Jersey. Sie hat eine ältere Schwester namens Marcia und ist die Tochter von Raymond Davy Hunt, dem ehemaligen Vizepräsidenten einer großen Ölfirma, und seiner Frau Elsie Doying Hunt, einer Klavierlehrerin, die auch aktiv im Saugatuck Congregational Church Choir mitwirkte. Von der kreativen Mutter ermutigt, wollte Linda schon früh Künstlerin werden. Als ihre Eltern mit ihr in ihre erste Broadway-Show (PETER PAN) gingen, war Linda sofort klar, dass die Bühne der Platz sein konnte, auf dem sie sich wenigstens ein kleines bisschen größer fühlen konnte. Sie beschloss Schauspielerin zu werden und besuchte schließlich die Goodman School of Drama am Art Institute of Chicago. Als Frau hatte sie es in Hollywood Ende der 1970er

Jahre ohnehin nicht so leicht, wenn man dann aber auch noch diagnostiziert kleinwüchsig war und obendrein nicht dem gängigen Schönheitsideal entsprach, war es fast unmöglich in der Traumfabrik Fuß zu fassen. Bereits in ihrer Schulzeit sah sich die Schauspielerin vielen Anfeindungen und dem Spott ihrer Mitschüler ausgesetzt: „Alle wollten mich entweder beschützen oder mich herumschubsen. Ich wurde oft gehänselt, sicher wurde ich das, natürlich. Vierte Klasse, fünfte Klasse, sechste Klasse, alle hatten ihren Wachstumsschub außer mir. Ich wuchs einfach nicht." Die kleine große Linda ließ sich jedoch weder in der Schule noch bei der Jobsuche entmutigen und kam in wenigen winzigen Rollen in TV-Produktionen unter, ehe sie von Regisseur Robert Altman im Jahre 1980 für POPEYE mit Robin Williams und Shelley

Duvall gecastet wurde. In der Rolle der "Mrs. Holly Oxheart" hinterließ Hunt einen bleibenden Eindruck bei Publikum und Kritikern. Diese Anerkennung öffnete der Schauspielerin schließlich die Tore in die großen Studioproduktionen.

diesem überraschenden Erfolgserlebnis folgten zahlreiche weitere Engagements in Film und Fernsehen. So war Hunt beispielsweise in DUNE, SILVERADO, SHE-DEVIL und KINDERGARTEN COP zu sehen. In Letzterem übernahm sie die Rolle der resoluten Kindergartenchefin "Miss Schlowski" und durfte dort den liebevoll rüpelhaften Arnold Schwarzenegger mehrmals ebensoliebevoll, aber resolut, in die Schranken weisen. Darüber hinaus ist Linda Hunt in vielen Sprechrollen zu hören. So unter anderem in beiden Teilen von POCAHONTAS als "Großmutter Weide" und als Erzählerin in allen Teilen der Videogamereihe GOD OF WAR. Auch privat hat Linda Hunt bereits 1978 ihr Glück gefunden, als sie sich in die Psychotherapeutin Karen Klein verliebte, mit der sie bis heute liiert und seit 2008 sogar verheiratet ist. Außerdem ist sie seit 2009 fixes Ensemblemitglied der Serie NCIS: LOS ANGELES. In all ihren Rollen der 1980er, 1990er und der 2000er Jahre ist Linda Hunt immer ein Garant für erinnerungswürdige Momente gewesen. Dabei umgab sie jedoch immer ein gewisser Hauch von Würde. Sie ist einfach eine kleine Grande Dame mit Pfiff.

Und dann geschah das, womit niemand gerechnet hätte. Linda Hunt übernahm in ihrer erst zweiten Filmrolle überhaupt, die Rolle des kleinwüchsigen Fotografen "Billy Kwan" – und gewann prompt einen Academy Award als besteNebendarstellerin. Sie ist damit bis zum heutigen Tage die einzige Schauspielerin, die einen OSCAR für die Darstellung eines Mannes erhielt. Nach-

STEFAN

Wer die 80er Jahre bins hinein in die 90er Jahre als Kind miterlebte, wird sich sicherlich noch an den „alten" Tele 5 Sender erinnern?! Zahlreiche Kinderzeichentrickserien (man was für ein langes Wort) erinnern. Die tagtäglich auf der Mattscheibe flimmerten. Besonders an den Wochenenden und die frühen Morgenstunden war der Sender eine Anlaufstelle für Kinder um zahlreiche Helden in Action zu erleben. Natürlich kindgerecht ohne Blut und Gemetzel - mit Moral und Verstand!

Das damalige Konzept war es in einer Serie oder sogar einzelner Episode immer eine Geschichte mit Moral zu integrieren. Somit wurde versucht einen pädagogischen Einfluss auf die jungen Zuschauer zu erreichen.

Zahlreiche erfolgreiche Kinderzeichentrickserien wurden ins Leben gerufen, zu den bekanntesten zählen zweifellos „He-Man" oder auch „She-Ra". Beide Serien wurden von „FirmationsStudios" produziert. Bei beiden Serien sowie bei vielen anderen wurden zahlreiche Genres miteinander vermischt. Man bediente sich an zahlreiche Dinge und Ideen und setzte sie kindgerecht um.

Es war an der Zeit einen neuen Helden ins Leben zu rufen. „Bravestarr". Doch anstatt auf gewohnte Vermischungen der Genres zurück zu greifen, wurde hier auf Western mit SciFi-Anleihen gesetzt.

Die Serie „Bravestarr" schaffte es auf insgesamt 65 Episoden mit jeweils einer Laufzeit von knapp 20 Minuten, später wurde noch ein TV-Film produziert mit dem Titel „Bravestarr - Die Legende".

Die Serie wurde von 1987 bis 1988 produziert und gezeichnet und erfreute sich großer Beliebtheit bei Groß und Klein.

Später regaierte auch die Spielzeug-Industrie und entwarf zahlreiche voll bewegliche Action-Figuren, hinzu kamen noch Hörspiele auf Musik-Kassetten und vieles mehr. Die Merchandising Branche verzeichnete einen großen Umsatzanstieg bei ihren Produkten mit „Bravestarr".

Doch leider hielt diese Erfolgssträhne nicht sonderlich lange an. Verglichen mit anderen Serien wie z.B. „He-Man" war „Bravestarr" recht schnell vergessen worden.

Doch es gibt wieder einen Funken Retro-Charme dank des Labels NEW KSM. Sie bringen uns das zeitgenössische Geschehen wieder auf die Mattscheibe.

Auf Blu-ray ist die komplette Serie im Handel erschienen, mit dem dazu gehörigen TV-Film. Einziger Wehrmutstropfen ist es das alle Episoden auf eine Scheibe gepresst wurden, was sich leider negativ auf die Bild-Qualität auswirkt. An vielen Stellen ist nur eine Art Matschebrei zu erkennen, vieles ist unscharf - hier wurde einfach nur SD Qualität auf eine Blu-ray gepresst. Lediglich der Ton ist klar und deutlich zu verstehen und kommt sauber aus den Lautsprechern.

In „Bravestarr" geht es um den Marshall Bravestarr der auf dem Planeten NEW TEXAS für Recht und Ordnung sorgt, doch anstatt wie „He-Man" und „She-Ra" mit einem Schwert durch die Weiten der Galaxie für Ruhe und Ordnung zu sorgen, bekam er mystische Kräfte verliehen.

Vergessen war gestern, wir sprechen darüber!

Das Gehör eines Wolfes, die Kraft eines Bären, die Augen eines Falken und die Geschwindigkeit eines Pumas.

Sein bester Freund und Begleiter ist das Pferd „Thirty-Thirty", ein Reit-Tier was sich auch als menschenähnlicher Gefährte durch die Prärie auf „New Texas" bewegen kann, eine Art Transformer-Pferd. Sein Gewehr trägt den Spitznamen „Sarah Jane", ähnlich wie bei der TV Serie „Sledge Hammer" wo für das deutsche Publikum die Waffe von Sledge den Spitznamen „Susi" bekam.

Steam-Punk und Wilder Western wurden gekonnt von den Produzenten und Zeichnern von „Bravestarr" miteinander vermischt.

Die Handlungen und Abläufe der einzelnen Episoden wurden an die alten Wild Western Serien angepasst und neu interpretiert. Mit der Veränderung das hier nicht nach Gold gesucht wird, sondern nach dem Mineral „Kerium", eine Art Kristall was wie Gold bei Gut und Böse sehr gefragt ist. Es verspricht wie einst Gold - Ruhm und Anerkennung.

Doch was wäre ein Held ohne seinen Widersacher auf der anderen Seite des Gesetztes? „Stampede" ist ein Dämonen-Geist, der die Herrschaft über „New Texas" an sich reissen möchte und die Siedler von hier vertreiben

möchte um das „Kerium" nur für sich alleine zu beanspruchen.

Da wären wir auch schon bei den Siedlern. Sie bauen mit mühsamer Arbeit das „Kerium" in den Bergwerken ab. Sie sehen aus wie kleine zu dick geratene Ewoks, sie tragen braune, lange Kutten wie Mönche und haben alle einen wohl genährten Bauch.

Dazu gesellen sich noch zahlreiche wiederkehrende Charaktere wie der

Bar Mann des Saloons und viele weitere Helfer und Begleiter von Marshall Bravestarr.

Der Aufbau der einzelnen Episoden ist schematisch gleich aufgebaut. Am Ende jeder Episode gibt es eine Moral für die Kinder. Eine Erklärung was Gut und was schlecht für sich und die Umwelt ist.

Was zeichnet noch den großen Erfolg
von „Bravestarr" aus?

Er ist cool, Charismatisch und hat
definitiv das Potenzial für eine Real-
Verfilmung. Mit den heutigen Möglichkeiten der Technik dürfte dies kein
allzu schwieriges Unterfangen mehr
sein. Verglichen mit anderen Serien
aus der damaligen Kindheit und den
dazu gehörigen Real-Verfilmungen
sollte „Bravestarr" ein großen Umsatz
und Gewinn für die Studios bedeuten.

Laut diversen Gerüchten soll es ja
bereits ein Drehbuch geben, man darf
gespannt sein ob wir jemals in den
Genuss des Films kommen werden.

„Bravestarr" auf der großen Lein-
wand, reitend durch die Wüsten von
„New Texas" auf dem Rücken von
„Thirty-Thirty" mit „Sarah Jane" im
Gepäck.

Vergessen war gestern, wir sprechen darüber!

Impressum:

Herausgeber:
Stefan Böse

Autoren:
Johnny Janzerino
Markus Leshem
Stefan Fuhrmann
Kristijan Skrobo

Impressum:
© 2020
Herstellung und Verlag: BoD – Books on Demand, Norderste
ISBN: 9783752624816

BESUCHT UNS DOCH AUF FACEBOOK UNTER:
WWW.FACEBOOK.COM/RETROFILMBLOG

Bild-Quellen der Screenshots:

Nashville Lady - DVD: Universal
Screamers - DVD: Columbia TriStar
Red Heat - Blu-ray Disc: Studiocanal
Zurück aus der Vergangenheit - VHS: RCA Columbia
Der aus dem Regen kam - DVD: EuroVideo
Nikita - Blu-ray Disc: Studiocanal
Thunder in Paradise - DVD: AmCo - Box 1
Phase IV - DVD: Paramount
Mörderischer Vorsprung - DVD: Touchstone / Buena Vista
Alien Shock - Blu-ray Disc: cmv-Laservision
Die Unglaubliche Geschichte der Mrs. K - DVD: JAM Entertainment
Zeit der Vergeltung - Video: RCA / Columbia
Blutiger Freitag - Blu-ray Disc: Subkultur Entertainment
Mad Mission - Blu-ray Disc: DigiDreams
Duell der Helikopter - Video: Atlas Video
Bad Moon - Video: Warner Home Video
Bravestarr - Blu-ray: NEW KSM

Scans von Werbungen stammen aus Privat-Archiv, danke an
Uwe Krone.
VHS Cover Scans stammen vom film-retro-shop.de

Informationsquellen:
www.retro-film.de
www.wikipedia.de
www.schnittberichte.com
www.ofdb.de
www.imdb.com
www.amazon.de
www.themoviedb.org